최적합
★최고의 적중률로 합격을 보장하는★

스크래치 코딩 활용능력평가
COS 2급

Coding **Specialist**

| 김종철 지음 |

www.cyber.co.kr

머리말

YBM의 COS 시험이 실시된 후 교육현장에서 직접 학생들을 교육하면서 수업 도중에 학생들로부터 많이 받았던 질문과 시험을 준비하면서 학생들이 어려웠던 점을 체계적으로 정리함으로써 이 책으로 공부하는 수험생들이 고득점으로 합격할 수 있도록 준비하였습니다.

초보자도 쉽게 따라 하고 이해하기 쉬운 문제 위주의 해설

COS 2급의 출제 기준에 기초하여 전 과정을 자세한 설명과 실전 문제 풀이 위주로 집필하였습니다. 문제들은 시험에서 자주 출제되는 문제로 실제 고사장에서 당황하지 않도록 작성되었습니다. COS 2급에서 공식으로 제시한 평가 항목을 문제 형식으로 바꾼 것으로 어느 문제 하나 버릴 것 없는 귀중한 문제만을 담았습니다.

자격증 취득은 물론 스크래치의 고급 기능까지 습득

필자는 자격증 취득만을 위해서 집필하지 않았습니다. 자격증 취득은 물론 스크래치를 유용하게 사용할 수 있는 다양한 기능들을 이 책의 '멘토의 한 수'를 통해 설명하였습니다. '스크래치의 고급 기능 습득', '고득점으로 자격증 획득'은 필자가 교육 시 가장 우선으로 하는 교육목표입니다. 두 마리 토끼를 모두 잡으세요.

한 번에 합격할 수 있는 노하우 제시

COS 2급의 합격 점수는 600점 이상(1,000점 만점)입니다. 물론 1,000점을 맞으면 더 좋겠지만 우선은 합격하기 위해 600점 이상을 취득하는 것에 최대한 중점을 두었습니다. 또한 아깝게 한 문제 차이로 불합격이 되면 그 아쉬움은 클 것입니다. 따라서 본 교재는 최소 600점 이상을 받기 위해 쉽게 풀이하였으니, 하나하나 따라 하다 보면 아쉽게 불합격하는 일은 일어나지 않을 것입니다.

해설과 정답이 포함된 기출 유형 문제 풀이 수록

COS 2급은 스크래치의 실기를 평가하는 시험으로, 가장 큰 특징 중 하나는 다양한 작업방법 중 어떤 것을 선택해야 하는지 이해하기 어렵다는 것입니다. 이제는 '이런 방법으로?', '저런 방법으로?', '어떻게 풀어야 하는 거지?' 이제 이런 고민은 다 지워버리기 바랍니다. 최신 기출 유형 문제들을 수록하여, 자세한 해설과 정확한 답으로 단단히 무장할 수 있도록 구성한 만큼 이 책만 성실히 공부한다면 고득점은 바로 여러분의 것이 될 것입니다.

끝으로 이 책으로 공부하는 모든 분들에게 고득점 합격은 물론, 컴퓨팅 사고력(Computational Thinking)을 통한 다양한 방법의 문제 해결 능력이 향상되기를 기원합니다.

2018년 9월 김종철 저자

■ 성안당 이러닝(http://bm.cyber.co.kr/) 사이트에 접속하여 로그인 한 후 저자 직강의 유료
동영상강의를 학습할 수 있습니다.

COS(Coding Specialist) 자격소개

01 자격 개요

COS는 Scratch, Entry(블록코딩)에 대한 자격증으로 높은 수준의 프로그래밍 활용능력이 있음을 증명할 수 있습니다. COS는 시작부터 종료까지 100% 컴퓨터상에서 진행되는 CBT(Computer Based Test)로 평가 방식이 정확함은 물론 시험 종료 즉시 시험 결과를 알 수 있습니다.

02 자격 종류

등급	검정방법	검정시행 형태	합격기준
1급(Advanced)	실기시험	• 10문제(실기) • 시험시간 : 50분	700점 이상
2급(Intermediate)		• 10문제(실기) • 시험시간 : 50분	600점 이상
3급(Basic)		• 10문제(실기) • 시험시간 : 40분	600점 이상
4급(Start)		• 10문제(실기) • 시험시간 : 40분	600점 이상

※ Scratch, Entry 프로그램 중에서 자유롭게 등급을 선택하여 응시할 수 있습니다.

※ COS Score Report에는 취득 점수와 합격 여부를 확인할 수 있습니다. 또한 프로그래밍에 필요한 능력수준과 기술수준에 대한 능력을 0~100%의 성취도를 확인할 수 있어, 취약부분을 파악할 수 있습니다.

03 응시료

등급	응시료
1급(Advanced)	₩25,000
2급(Intermediate)	₩23,000
3급(Basic)	₩20,000
4급(Start)	₩20,000

※ 자격증 발급 비용(₩4,500) 별도

04 응시 자격

제한 없음

05 과목별 평가항목

등급	평가항목
1급(Advanced)	• 화면 구현 : 화면 구성, IDE 도구 활용 • 프로그램 구현 : 개발 도구의 이해, 변수, 리스트, 함수, 스프라이트 활용, 반복문과 조건문, 연산자 활용, 난수, 멀티미디어 활용, 소프트웨어 테스트, 공통모듈, 소스코드 검토 및 디버깅, 성능개선, 알고리즘

2급(Intermediate)	• 화면 구현 : 화면 구성, IDE 도구 활용 • 프로그램 구현 : 개발도구의 이해, 변수, 리스트, 함수, 스프라이트 활용, 반복문과 조건문, 연산자 활용, 난수, 멀티미디어 활용 소프트웨어 테스트, 공통모듈, 소스코드 검토 및 디버깅, 성능개선, 순서도
3급(Basic)	• 화면 구현 : 화면 구성, IDE 도구 활용 • 프로그램 구현 : 프로그래밍 도구 활용, 변수, 스프라이트 활용, 반복문과 조건문, 연산자 활용, 난수, 멀티미디어 활용, 스프라이트 제어, 애니메이션 효과, 좌표이해, 소스코드 검토 및 디버깅
4급(Start)	• 화면 구현 : 화면 구성, IDE 도구 활용 • 프로그램 구현 : 프로그래밍 도구 활용, 스프라이트 제어, 반복문, 조건문, 연산자 활용, 멀티미디어 활용

06 시험화면

문제 지문 영역   코딩영역

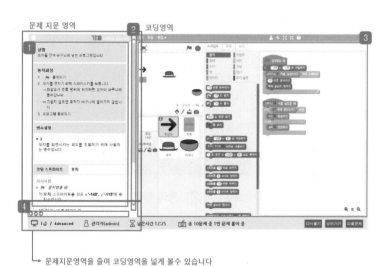

↳ 문제지문영역을 줄여 코딩영역을 넓게 볼수 있습니다

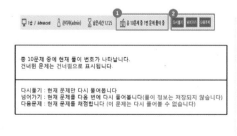

종 10문제 중에 현재 풀이 번호가 나타납니다.
건너뛴 문제는 건너뜀으로 표시됩니다.

다시풀기 : 현재 문제만 다시 풀어봅니다
넘어가기 : 현재 문제를 다음 번에 다시 풀어봅니다(풀이 정보는 저장되지 않습니다)
다음문제 : 현재 문제를 채점합니다 (이 문제는 다시 풀어볼 수 없습니다)

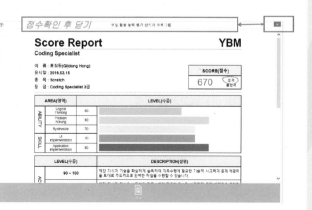

CONTENTS

스크래치 시작하기

학습목표

이번 Part에서는 스크래치 회원 가입, 화면 구성, 프로젝트 저장 및 공유
방법 등에 대해 알아봅니다.

01 스크래치 회원 가입하기

1-1 온라인 스크래치 회원 가입하기

스크래치는 사이트(https://scratch.mit.edu)에 접속하면 회원으로 가입할 수 있습니다. 회원으로 가입하지 않아도 사용할 수 있지만, 프로젝트를 온라인에 저장하거나 공유하기 위해서는 회원 가입이 필요합니다.

❶ 〈스크래치 가입〉을 클릭합니다.

❷ 스크래치에서 사용할 '사용자 이름'과 '비밀번호'를 입력한 후 〈다음〉을 클릭합니다.

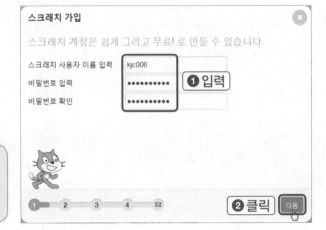

> **멘토의 한수**
> 비밀번호는 동일하게 두 번(입력/확인) 입력해야 합니다.

❸ '생년월일, 성별, 국가'를 설정한 후 〈다음〉을 클릭합니다.

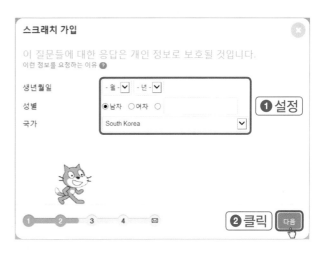

❹ 사용할 '이메일 주소'를 동일하게 두 번 입력한 후 〈다음〉을 클릭합니다.

❺ 〈자, 시작합시다!〉를 클릭합니다.

❻ 회원 가입할 때 입력한 이메일에서 스크래치에서 온
  이메일을 확인한 후 '링크 주소'를 클릭합니다.

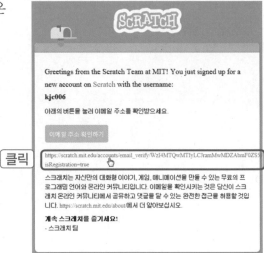

❼ 〈OK, let's go!〉를 클릭합니다.

❽ 스크래치를 시작하기 위해 〈만들기〉를 클릭합니다.

⑨ 스크래치 작업 화면이 나타납니다.

멘토의 한수

스크래치(Scratch)는 미국 MIT(Massachusetts Institute of Technology) 대학교의 미디어랩 Lifelong Kindergarten Group에서 운영하는 교육 프로젝트로 초보자도 손쉽게 프로그래밍을 할 수 있도록 개발된 프로그래밍 언어입니다.

1-2 스크래치 오프라인 에디터

스크래치 오프라인 에디터는 PC에 직접 설치하는 프로그램으로 인터넷에 연결하지 않아도 사용할 수 있는 장점이 있습니다. 컴퓨터에 따라 속도가 빠르기 때문에 많이 사용한다면 '오프라인 에디터'를 이용하는 것이 편리합니다.

❶ 웹사이트 아래에 있는 '오프라인 에디터'를 클릭합니다.

❷ 〈설치〉를 클릭합니다.

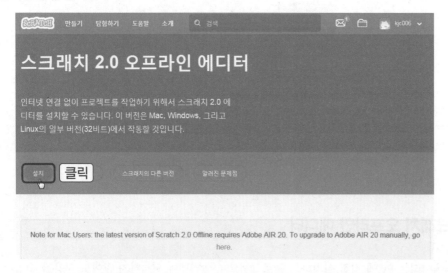

❸ '스크래치 오프라인 에디터'를 사용하려면 'Adobe AIR'를 먼저 설치해야 합니다. 여러분이 사용하고 있는 OS의 '다운로드'를 클릭한 후 설치합니다.

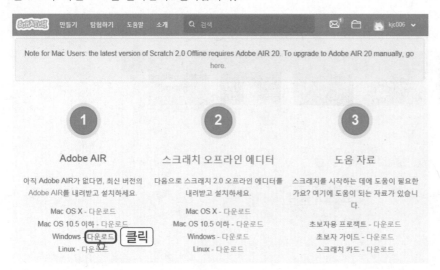

❹ 'Adobe AIR' 설치가 완료되면, 스크래치를 설치하기 위해 '스크래치 오프라인 에디터'에서 여러분이 사용하고 있는 OS의 '다운로드'를 클릭합니다. 〈계속〉을 클릭합니다.

❺ 설치가 완료됩니다.

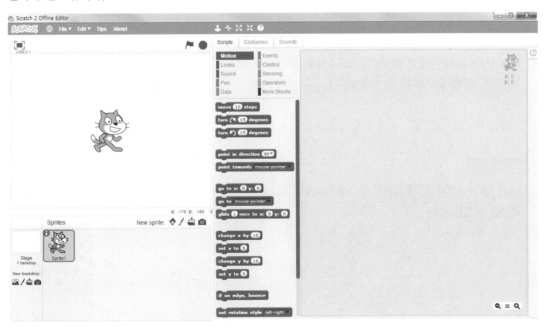

❻ 스크래치 환경을 한국어로 변경하기 위해 '  '을 클릭한 후 '한국어'를 선택합니다.

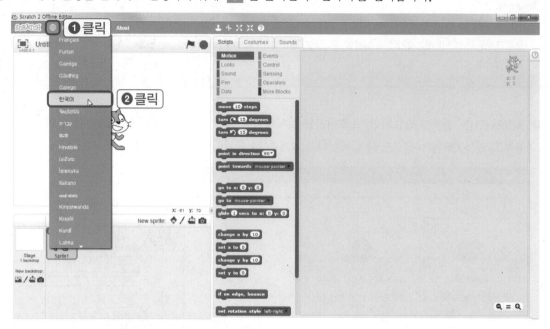

멘토의 한수

스크래치 오프라인은 개인이나 기업 모두 제한 없이 무료로 사용할 수 있습니다.

멘토의 한수

스크래치는 새로운 버전이 출시될 때 프로그램을 새로 설치하지 않고 〈업데이트〉 방식으로 버전을 업그레이드 할 수 있습니다.

새 버전의 스크래치를 사용할 수 있습니다.

v460

지금 업데이트   취소

멘토의 한수

Shift 를 누르면서  를 클릭한 후 'set font size'를 선택하면 블록의 크기를 변경할 수 있습니다.

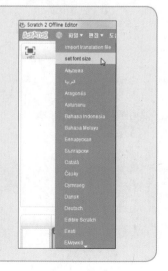

02 스크래치 화면 구성

2-1 웹사이트 화면 구성

스크래치 웹사이트는 다음과 같은 주요 메뉴들로 구성되어 있습니다.

❶ 로고 : 스크래치 웹사이트 시작 초기 페이지로 이동합니다.

❷ 만들기 : 스크래치 온라인 작업 화면으로 이동합니다.

❸ 탐험하기 : 다른 사용자들이 만든 프로젝트를 볼 수 있습니다.

❹ 도움말 : 스크래치 사용법과 관련된 튜토리얼과 PDF 안내서를 볼 수 있습니다.

❺ 소개 : 스크래치와 관련한 내용을 볼 수 있습니다.

❻ 검색 : 다른 사용자가 공유한 스크래치를 검색어를 통하여 찾을 수 있습니다.

❼ 메일 : 스크래치에서 보낸 온 메일이 저장되는 곳입니다.

❽ 내 작업실 : 내가 작업한 프로젝트들을 저장하는 공간입니다.

❾ 계정 관리 : 내 정보, 내 작업실, 계정 설정, 로그아웃을 할 수 있습니다.

2-2 오프라인 에디터 화면 구성

스크래치 오프라인 에디터는 다음과 같은 주요 화면으로 구성되어 있습니다.

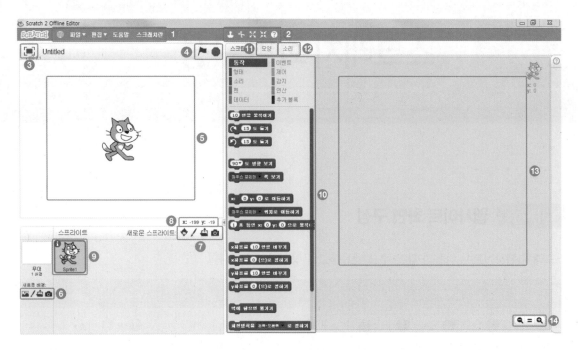

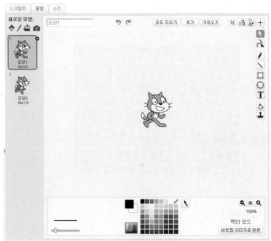

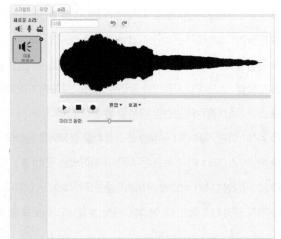

❶ 메뉴 :

- 🌐 : 프로그램에 표시할 언어 선택

- 파일▼ : 프로젝트 새로 만들기, 열기, 저장하기, 다른 이름으로 저장하기, 프로젝트 비디오 녹화하기, 웹 사이트에 공
  유하기, 업데이트 확인, 종료

- 편집▼ : 삭제취소, 무대 크기 줄이기, 터보 모드

❷ 툴바 : 복사, 삭제, 확대, 축소, 블록 도움말

❸ 전체화면 : 실행 화면을 전체 크기로 변경

❹ 실행/중지(🏳 ⬤) : 프로젝트를 실행/중지

❺ 무대 : 스프라이트를 배치하고 작업하는 공간으로 프로젝트의 실행 장면을 확인할 수 있으며 가로 480픽셀, 세로
  360픽셀로 구성되어 있음

❻ 새로운 배경 : 저장소에서 배경 선택, 배경 새로 그리기, 배경 파일 업로드하기, 웹캠으로 배경찍기

❼ 새로운 스프라이트 : 저장소에서 스프라이트 선택, 새 스프라이트 그리기, 스프라이트 파일 업로드하기, 카메라로부터 새 스프라이트 만들기

❽ 좌표 : 스테이지 내에서 현재 선택된 스프라이트의 위치와 방향 표시

❾ 스프라이트 영역 : 프로젝트에 삽입된 스프라이트의 목록이 보이는 곳

❿ 블록 팔레트 : 코딩하기 위한 블록들이 보이는 곳

⓫ 모양 : 스프라이트의 디자인 변경

⓬ 소리 : 소리 편집

⓭ 스크립트 창 : 블록 영역에서 블록을 가져온 후 스크립트를 작성하는 곳

⓮ 화면 확대/축소(🔍 = 🔍) : 스크립트 창 확대/축소

멘토의 한수

'터보 모드'는 스크래치에서 블록 처리 속도를 높이는 기능입니다. Shift + 🏴 를 누릅니다.

멘토의 한수

❶ ❷ ❸ ❹

❶ **복사** : 선택한 스프라이트를 복사합니다.　　　❷ **삭제** : 선택한 스프라이트를 삭제합니다.

❸ **확대** : 클릭한 후 원하는 스프라이트를 클릭할 때마다 한 번씩 확대됩니다.

❹ **축소** : 클릭한 후 원하는 스프라이트를 클릭할 때마다 한 번씩 축소됩니다.

스프라이트 정보 보기 : ℹ을 클릭하면 스프라이트의 정보(이름, 좌표, 방향)를 볼 수 있으며 다른 모양으로 변경할 수도 있습니다.

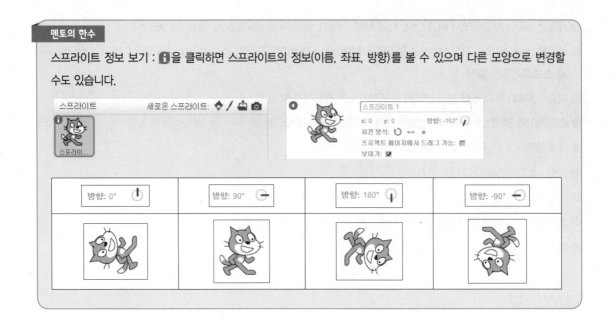

2-3 팔레트 영역

스크립트를 작성하기 위한 명령 블록들이 모여 있는 곳으로 스크립트, 모양, 소리 탭으로 구성되어 있습니다.

❶ **스크립트 탭** : 프로그래밍을 하기 위한 명령 블록들이 있습니다.

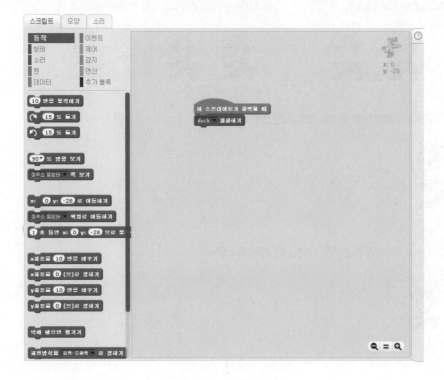

❷ **모양 탭 :** 스프라이트의 모양을 다양한 방법으로 수정할 수 있습니다.

❸ **소리 탭 :** 스프라이트가 사용할 소리를 지정하거나 녹음할 수 있습니다.

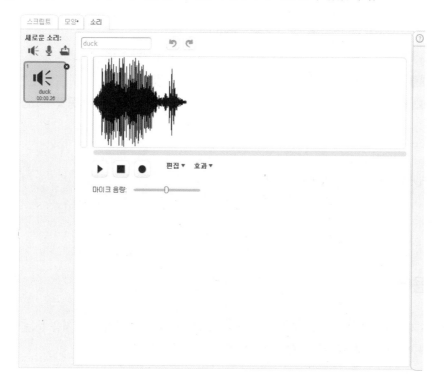

스크래치의 프로젝트는 다양한 블록을 구성하면서 완성합니다. 블록은 10가지의 팔레트로 구성되며 그 종류별로 다양한 기능을 사용할 수 있습니다.

❶ **동작(Motion** `동작` **)** : 스프라이트를 회전, 방향 등 동작을 조절하는 블록으로 구성되어 있습니다.

❷ **이벤트(Events** `이벤트` **)** : 스크래치나 스프라이트를 클릭했을 때 등 다양한 이벤트를 만들 수 있는 블록으로 구성되어 있습니다.

❸ **형태(Looks** `형태` **)** : 스프라이트의 효과를 주거나 크기, 모양을 조절하는 블록으로 구성되어 있습니다.

❹ **제어(Control** `제어` **)** : 선택과 반복 구조를 조절할 수 있는 블록으로 구성되어 있습니다.

❺ **소리(Sound** `소리` **)** : 소리를 재생하거나 악기를 연주하는 블록으로 구성되어 있습니다.

❻ **감지(Sensing** `감지` **)** : 마우스 포인터, 스페이스 키, 타이머 등을 설정할 수 있는 블록으로 구성되어 있습니다.

❼ **펜(Pen** `펜` **)** : 선 그리기와 관련된 블록으로 구성되어 있습니다.

❽ **연산(Operators** `연산` **)** : 사칙연산, 논리, 부등호 등과 관련한 블록으로 구성되어 있습니다.

❾ **데이터(Data** `데이터` **)** : 변수와 리스트를 만들 수 있는 블록으로 구성되어 있습니다.

❿ **추가 블록(More Blocks** `추가 블록` **)** : 스크래치에 없는 나만의 사용자 블록을 새롭게 만들어서 사용할 수 있습니다.

> **멘토의 한수**
>
> 블록은 색상별로 구분되어 있어 편리하게 관리할 수 있습니다.

2-5 주요 용어

스크래치에서 사용하는 기본 용어를 알아야 프로그래밍을 하는 데 불편함이 없을 것입니다. 처음 듣는 단어라 생소할 수 있지만, 곧 익숙해진 자신을 볼 수 있을 것입니다.

❶ **스프라이트(Sprite)** : 프로젝트에 등장하는 모든 개체를 의미하는 것으로 움직임을 명령할 수 있으며 사용자가 주는 명령 블록에 의해 움직입니다. 예를 들면 스크래치를 처음 실행했을 때 등장하는 고양이와 무대에 표시할 개체들을 모두 스프라이트라고 합니다.

❶ 스프라이트 저장소에서 가져옵니다.

❷ 새로운 스프라이트를 그릴 수 있습니다.

❸ 컴퓨터에 있는 이미지를 업로드하여 스프라이트로 사용할 수 있습니다.

❹ 카메라로 촬영하여 스프라이트를 사용할 수 있습니다. 단 PC에 웹캠이 설치되어 있어야 합니다.

❷ **무대(Stage)** : 스크래치의 배경(Background)을 말합니다.

❶ 배경 저장소에서 가져옵니다.

❷ 새로운 배경을 그릴 수 있습니다.

❸ 컴퓨터에 있는 이미지를 업로드하여 배경으로 사용할 수 있습니다.

❹ 카메라로 촬영하여 배경을 사용할 수 있습니다. 단 PC에 웹캠이 설치되어 있어야 합니다.

❸ **블록(Block)** : 스크래치에서 사용하는 명령어들입니다. 블록, 이벤트, 형태, 제어, 소리, 감지, 펜, 연산, 데이터, 추가 블록 등 10가지로 구성되어 있습니다.

❹ **프로젝트(Project)** : 스크래치에서 저장하는 파일 형태입니다.

❺ **스크립트(Script)** : 스크래치에서 사용한 명령어를 나열한 것을 의미하며 무대 위에 있는 스프라이트를 어떻게 움직이도록 할지 생각하고 블록을 쌓는 것을 말합니다.

❻ **팔레트** : 스크립트, 모양, 소리, 탭으로 구성되어 있습니다.

2-6 스프라이트 위치

스프라이트는 무대에서 X와 Y의 좌표값을 가집니다. X좌표는 스프라이트의 왼쪽에서 오른쪽, 즉 가로축의 위치를 말하며 Y좌표는 스프라이트의 아래쪽에서 위쪽, 즉 세로축의 위치를 말합니다. 무대의 한가운데 값은 X좌표, Y좌표 모두 0입니다.

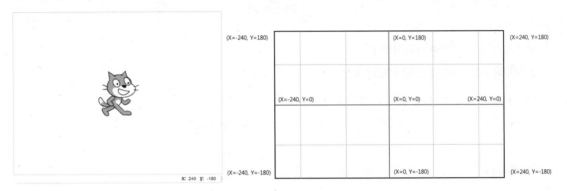

멘토의 한수

X축		Y축	
왼쪽 끝 값	오른쪽 끝 값	위쪽 끝 값	아래쪽 끝 값
−240	240	180	−180

멘토의 한수

무대 위에서 마우스를 움직이면 무대 오른쪽 아래의 X와 Y 좌표값이 변경되는 것을 볼 수 있습니다.

03

프로젝트 저장 및 공유하기

3-1 저장하기

프로젝트는 파일로 저장할 수 있으며 언제든 필요할 때 불러와서 수정할 수가 있습니다. 또한 공유할 때 프로젝트 파일을 업로드하기 때문에 프로그래밍한 후 저장해 두는 것이 좋습니다.

❶ [파일]-[저장하기]를 클릭합니다.

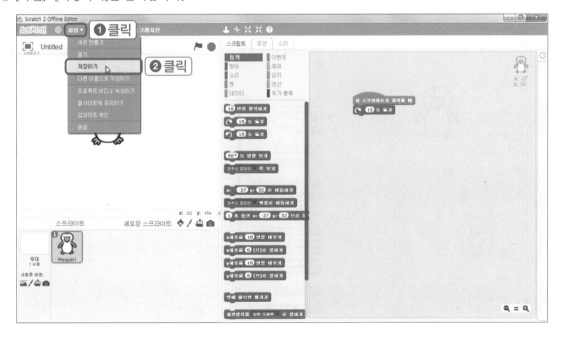

❷ 파일 이름(펭귄돌리기)을 입력한 후 〈저장〉을 클릭합니다.

❸ 프로젝트가 저장되면 파일 이름이 나타납니다.

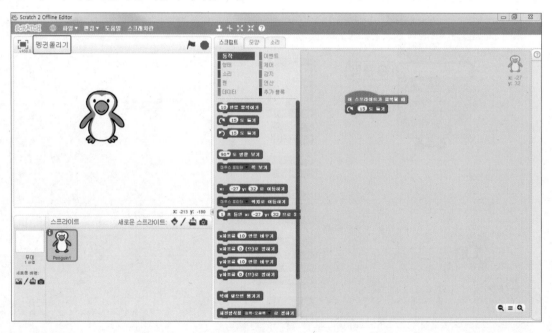

멘토의 한수

스크래치 파일의 확장자는 '.sb2'입니다.

프로젝트를 온라인에서 공유하면 다른 사용자들도 여러분이 만든 작품을 감상할 수 있습니다. 내가 만든 프로젝트를 업로드한 후 다른 친구들이 실행하고 평가해 주면 좋은 추억을 남길 수 있을 것입니다. 국내 뿐 아니라 세계의 다른 나라 친구들도 격려해 준다면 더욱 힘이 날 것입니다.

❶ [파일]-[웹사이트에 공유하기]를 클릭합니다.

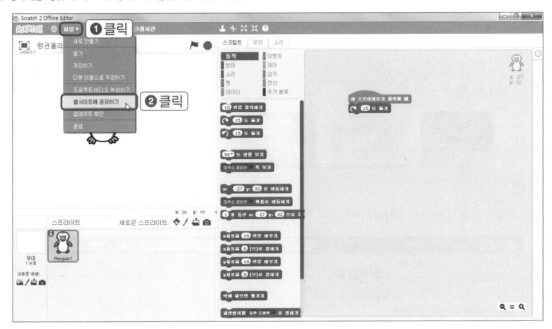

❷ 가입했던 스크래치의 아이디와 비밀번호를 입력한 후 〈확인〉을 클릭합니다.

❸ 프로젝트가 웹 사이트에 업로드 되었다는 화면이 나타나면 〈확인〉을 클릭합니다.

❹ 웹 사이트에 로그인한 후 '내 작업실'을 클릭합니다.

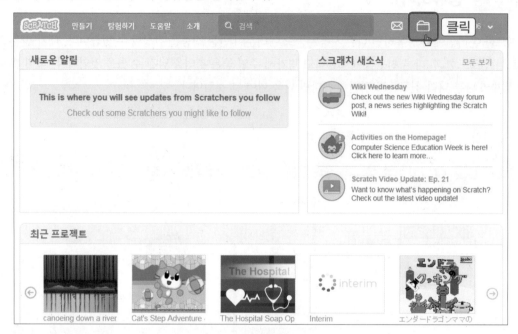

❺ '내 작업실'에 프로젝트가 저장된 것을 볼 수 있습니다.

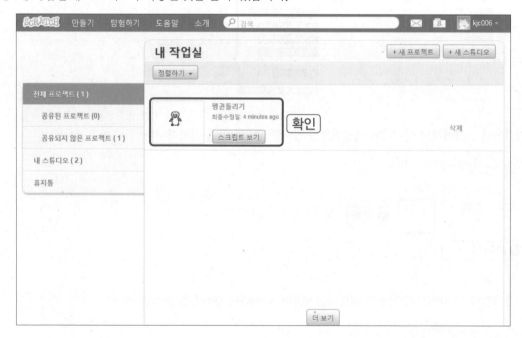

❻ 〈스크립트 보기〉를 클릭합니다.

❼ 〈공유하기〉를 클릭합니다.

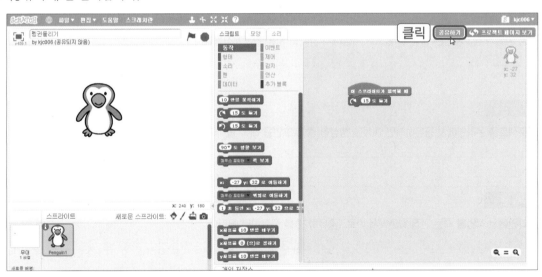

❽ 프로젝트가 공유되었다는 화면을 볼 수 있습니다. 간단한 사용 방법과 참고사항 등을 저장할 수 있습니다.

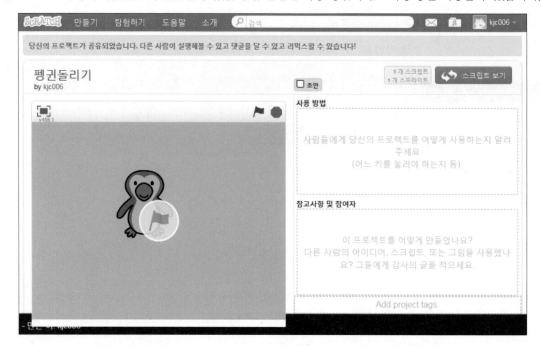

사용 방법과 참고사항은 입력 후 별도로 저장하지 않아도 자동으로 저장됩니다.

프로젝트를 온라인에서 공유하려면 계정을 생성한 후 로그인을 해야 합니다.

온라인에서 작업할 때는 편집 화면에서 바로 〈공유하기〉를 클릭하면 됩니다.

공유된 프로젝트를 해제할 때는 '내 작업실'에서 '공유하지 않기'를 클릭합니다. 공유를 해제해도 프로젝트는 삭제되지 않습니다. 물론 후에 언제든 다시 공유를 설정할 수 있습니다.

PART

02

알고리즘

학습목표

이번 Part에서는 알고리즘의 정의, 종류, 순서도 등에 대해 알아봅니다.

알고리즘 정의

1-1 알고리즘이란?

알고리즘(Algorithm)은 문제를 해결하기 위해 일의 순서를 정리해 놓은 것입니다. 예를 들면 도흔이가 '학교에서 수업 잘 받았어?' 라고 물어보면 찬록이가 '응 잘 받았어.' 라고 답합니다. 도흔이는 간단한 문장으로 물어보았지만 그 안에는 '1교시 국어, 2교시 미술, 3교시 영어, 4교시 과학, 5교시 체육' 수업을 잘 받았는지의 내용이 포함되어 있습니다. 사람은 말 속에 포함되어 있는 함축적인 의미도 이해할 수 있지만, 컴퓨터는 그렇지 못합니다. 따라서 컴퓨터는 어떤 일을 해야 하는지, 어떻게 해야 하는지에 대해서 명확히 알려주어야 하는 데 이것을 알고리즘(Algorithm)이라고 합니다.

입력	외부에서 제공되는 자료가 0개 이상 존재해야 함
출력	적어도 1개 이상의 서로 다른 결과를 내어야 함
명확성	수행 과정은 명확해야 하고 모호하지 않은 명령어로 구성되어야 함
유한성(종결성)	알고리즘의 명령어들은 끝이 있는 계산을 수행한 후에 종료해야 함
효율성	모든 과정은 명백하게 실행 가능(검증 가능)한 것이어야 함

출처 : ko.wikipedia.org

1-2 알고리즘 표현 방법

알고리즘을 표현하는 방법으로는 자연어, 의사 코드, 순서도가 있습니다. 흔히 알고리즘은 컴퓨터로 문제를 해결해야 하는 것으로만 이해하는데 문제를 해결하기 위한 절차나 방법을 순서대로 나열하여 기록하면 그 주체가 누구이든 상관이 없습니다.

❶ **자연어** : 사람이 일상적으로 사용하는 자연어로 표현합니다.

❷ **의사 코드** : 자연어와 프로그래밍 언어의 혼합 형태로 표현하는 것으로 일반적으로 '텍스트+그림 형태'로 표현합니다. 말 그대로 흉내만 내는 코드이기 때문에, 실제적인 프로그래밍 언어로 작성된 코드처럼 컴퓨터에서 실행할 수 없으며 언어로 프로그램을 작성하기 전에 알고리즘을 대략적으로 모델링하는 데에 쓰입니다.

❶ 주유소에 들어갑니다.　　　　　❷ 차의 주유구 뚜껑을 엽니다.

❸ 휘발유인지 경유인지 구분합니다.　❹ 기름을 넣습니다.

❺ 주유구 뚜껑을 닫습니다.　　　　❻ 비용을 계산합니다.

❼ 영수증을 받습니다.　　　　　　❽ 주유소에서 나갑니다.

멘토의 한수

의사 코드는 슈도코드(pseudocode)라고도 합니다.

---

❸ **순서도** : 순서도(Flow Chart)는 작업이 이루어지는 순서나 진행을 기호와 도형을 이용해서 순차적으로 표시하는 것입니다. 코딩하기 전에 미리 순서도를 작성하면 프로그램의 전체적인 상황을 이해하기 편하기 때문에 알고리즘을 표현하는데 편리합니다.

기호	명칭	용도
	단말	순서도의 시작과 종료
	처리	각종 연산, 데이터 이동 등의 처리
	준비	초기값 입력 및 변수 선언
	미리 정의된 처리	미리 정의된 처리로 옮김
→	흐름선	처리의 흐름과 기호를 연결
	입출력	데이터의 입력과 출력
	판단	참/거짓 등 조건 구조에 사용
	반복	조건을 만족하면 동일한 작업을 반복하는 구조에 사용
	프린트	결과를 프린터로 출력

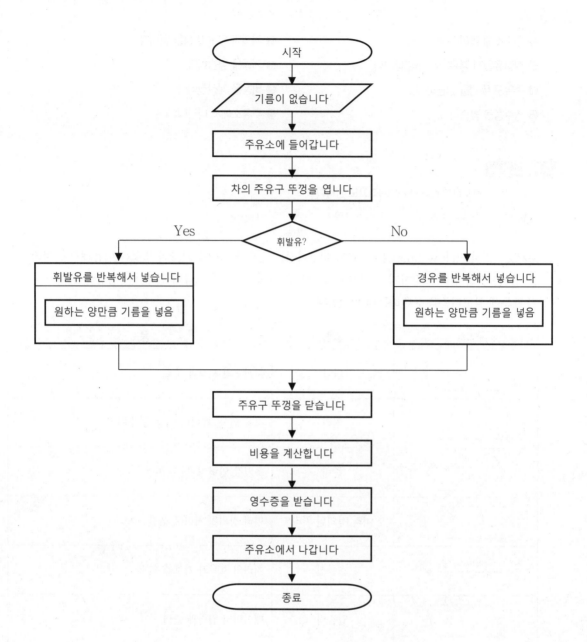

알고리즘 종류

2-1 순차 구조

순차 구조는 프로그램을 작성하는 가장 기본적인 구조로 명령을 차례대로 하나씩 수행하는 논리 구조입니다. 모든 논리의 기본이 되고 보통은 위에서 아래로 순차적으로 실행되는 구조입니다.

순서도	설명
명령1 명령2 명령1 명령2	❶ '명령1'을 실행합니다. ❷ '명령2'를 실행합니다.

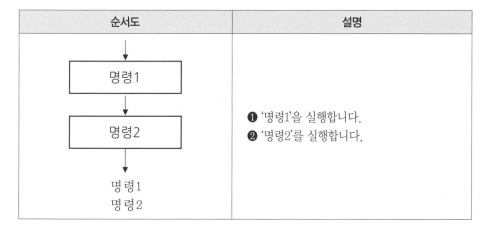

2-2 반복 구조

반복 구조는 수행하고자 하는 비슷한 명령을 여러 번 실행해야 할 때 주어진 조건에 맞추어 반복적으로 수행하기 위한 논리 구조입니다. 프로그램을 작성하려면 반복적으로 처리해야 하는 경우가 많기 때문에 많이 사용하는 구조입니다. 반복 구조만으로 프로그래밍을 하는 경우는 거의 없고 순차 구조, 선택 구조와 함께 프로그램을 만들게 됩니다.

순서도	설명
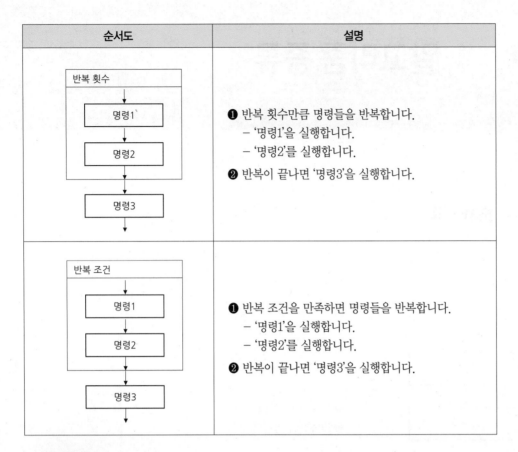	❶ 반복 횟수만큼 명령들을 반복합니다. 　– '명령1'을 실행합니다. 　– '명령2'를 실행합니다. ❷ 반복이 끝나면 '명령3'을 실행합니다.
	❶ 반복 조건을 만족하면 명령들을 반복합니다. 　– '명령1'을 실행합니다. 　– '명령2'를 실행합니다. ❷ 반복이 끝나면 '명령3'을 실행합니다.

이 스프라이트가 클릭될 때
4 번 반복하기
　모양을 bat1-b (으)로 바꾸기
　0.3 초 기다리기
　모양을 bat1-a (으)로 바꾸기
　0.3 초 기다리기

2-3 조건 구조

조건 구조는 조건을 검사하여 서로 다른 처리 중 하나를 선택하여 처리하는 논리 구조입니다. 조건의 처리 여부에 따라 순서가 변경되는 구조입니다.

순서도	설명
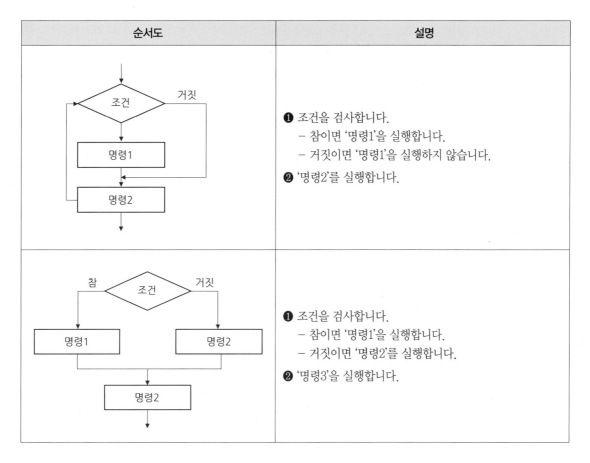	❶ 조건을 검사합니다. – 참이면 '명령1'을 실행합니다. – 거짓이면 '명령1'을 실행하지 않습니다. ❷ '명령2'를 실행합니다.
	❶ 조건을 검사합니다. – 참이면 '명령1'을 실행합니다. – 거짓이면 '명령2'를 실행합니다. ❷ '명령3'을 실행합니다.

```
이 스프라이트가 클릭될 때
내용 ▼ 을(를) ① 부터 ③ 사이의 난수 로 정하기
만약  내용 = 1  (이)라면
    안녕하세요? 을(를) ② 초동안 말하기

만약  내용 = 2  (이)라면
    스크래치를 강의할 예정입니다. 을(를) ② 초동안 말하기

만약  내용 = 3  (이)라면
    COS 합격하세요^^ 을(를) ② 초동안 말하기
```

03

순서도

3-1 두 수의 합

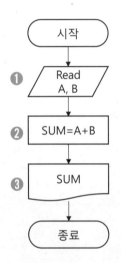

❶ 변수 A, B를 읽음

❷ 변수 A와 B를 더한 후 변수 SUM에 저장함

❸ 변수 SUM의 값을 출력함

결과

A(입력)	B(입력)	SUM(출력)
2	7	9
8	5	13

멘토의 한수

변수는 조건에 따라 크기가 변할 수 있는 수를 말합니다. 다시 말해 저장소에 데이터를 저장하고 수정한 후 필요할 때 사용할 수 있는 보관장소입니다. 다만 하나의 변수에는 숫자 또는 문자값을 하나씩만 저장할 수 있습니다.

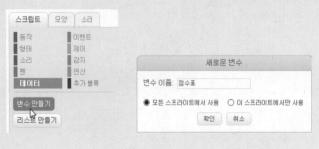

프로그램에서 데이터는 상수와 변수로 구분할 수 있는데 변수와 달리 프로그램이 실행되는 동안 변하지 않는 값을 상수라고 합니다. 예를 들어 A=5라는 표현이 있을 때 A는 변수, 5는 상수라고 합니다.

3-2 두 수의 차

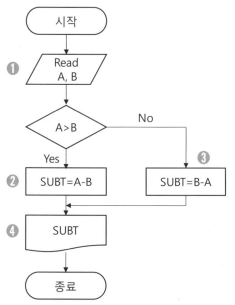

❶ 변수 A, B를 읽음

❷ 변수 A가 B보다 크면 변수 A에서 B를 뺀 후 변수 SUBT에 저장함

❸ 변수 A가 B보다 크지 않으면(작거나 같으면) B에서 A를 뺀 후 변수 SUBT에 저장함

❹ 변수 SUBT의 값을 출력함

결과

A(입력)	B(입력)	A〉B	SUMT(출력)
7	3	Yes	4
3	7	No	−4

3-3 1부터 10까지의 합

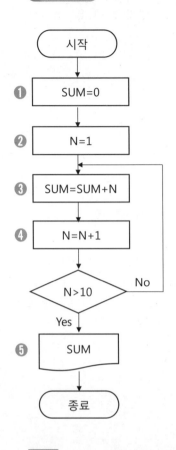

❶ 변수 SUM을 0으로 초기화함

❷ 변수 N을 1로 초기화함

❸ 변수 SUM과 변수 N을 더해서 변수 SUM에 저장함

❹ 변수 N과 1을 더해서 변수 N에 저장함

❺ 변수 N이 10을 초과하지 않으면 ❸으로 이동, 그렇지 않으면(크거나 같음) SUM 출력함

결과

SUM	N	N>10	SUM(출력)
0	1		
1	2	No	
3	3	No	
6	4	No	
10	5	No	
15	6	No	
21	7	No	
28	8	No	
36	9	No	
45	10	No	
55	11	Yes	55

1부터 10까지의 짝수 개수

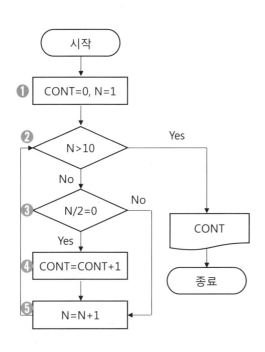

❶ 변수 CONT를 0, N을 1로 초기화함

❷ 변수 N이 10을 초과하지 않으면 ❸으로 이동, 그렇지 않으면 CONT 출력함

❸ 변수 N을 2로 나누어 나머지가 0이면 ❺로 이동, 그렇지 않으면(나머지가 1) ❹로 이동

❹ 변수 CONT와 1을 더해서 변수 CONT에 저장함

❺ 변수 N과 1을 더해서 변수 N에 저장함

결과

CONT	N	N>10	CONT(출력)
0	1	No	
0	2	No	
1	3	No	
1	4	No	
2	5	No	
2	6	No	
3	7	No	
3	8	No	
4	9	No	
4	10	No	
5	11	Yes	5

멘토의 한수

홀수 개수를 구할 때는 'N/2=1'로 설정하면 됩니다.

3–5 7! 계산

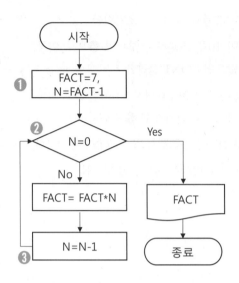

❶ 변수 FACT를 7, N을 변수 FACT−1로 초기화함

❷ 변수 N이 0이면 FACT 출력, 그렇지 않으면 변수 FACT
　와 변수 N을 곱해서 변수 FACT에 저장함

❸ 변수 N에서 1을 뺀 후 변수 N에 저장함

결과

FACT	N	N=0	FACT(출력)
7	6	No	7×6
	5	No	7×6×5
	4	No	7×6×5×4
	3	No	7×6×5×4×3
	2	No	7×6×5×4×3×2
	1	No	7×6×5×4×3×2×1
	0	Yes	5040

3-6 1부터 10까지 합의 평균 계산

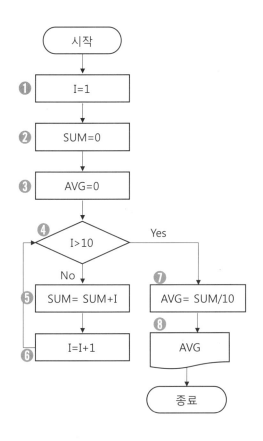

❶ 변수 I를 1로 초기화함

❷ 변수 SUM을 0으로 초기화함

❸ 변수 AVG를 0으로 초기화함

❹ 변수 I가 10보다 크면 ❼로 이동, 그렇지 않으면(작거나 같으면) ❺로 이동

❺ 변수 SUM과 변수 I를 더해서 변수 SUM에 저장함

❻ 변수 I와 1을 더해서 변수 I에 저장함

❼ 변수 SUM을 10으로 나누어 변수 AVG에 저장함

❽ 변수 AVG의 값을 출력함

결과

I	SUM	AVG	I)10	AVG(출력)
1	0	0	No	
2	1	0	No	
3	3	0	No	
4	6	0	No	
5	10	0	No	
6	15	0	No	
7	21	0	No	
8	28	0	No	
9	36	0	No	
10	45	0	No	
11	55		Yes	5.5

3-7 홀 · 짝수 구분하기

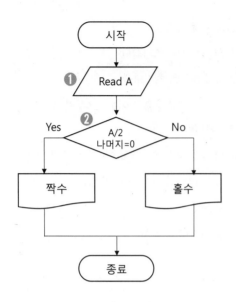

❶ 변수 A를 읽음

❷ 변수 A를 2로 나누어 나머지가 0이면 짝수, 그렇지 않으면(나머지가 1) 홀수 출력함

결과

A	나머지	짝수(출력)	홀수(출력)
3	1		홀수
12	0	짝수	
27	1		홀수

3-8 몫/나머지 구하기

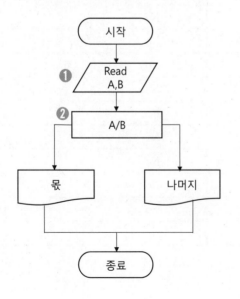

❶ 변수 A, B를 읽음

❷ 변수 A를 B로 나누어 나머지가 몫과 나머지 출력함

A	B	몫	나머지
5	2	2	1
9	5	1	4

3-9 양수, 0, 음수 구분하기

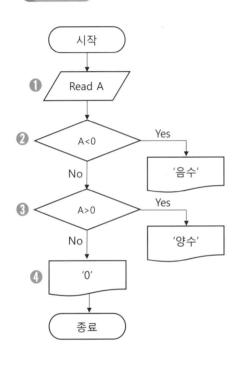

❶ 변수 A를 읽음

❷ 변수 A가 0보다 작으면 '음수' 출력, 그렇지 않으면 ❸으로 이동

❸ 변수 A가 0보다 크면 '양수' 출력, 그렇지 않으면 ❹로 이동

❹ '0' 출력

결과

A	출력
5	양수
−5	음수
0	0

3-10 '-1+2-3+4 ··· +98-99' 계산하기

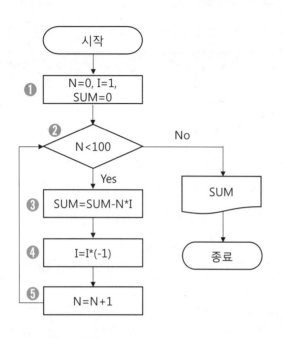

❶ 변수 N, I, SUM은 0, I는 1로 초기화함

❷ 변수 N이 100 미만이면 ❸으로 이동, 그렇지 않으면 SUM 출력

❸ SUM=SUM−N×I 계산

❹ I=I×(−1) 계산

❺ N=N+1 계산 후 ❷로 이동

결과

N	I	SUM	N<100	출력(SUM)
0	0	0	Yes	
1	−1	0	Yes	
2	2	1	Yes	
3	−3	−2	Yes	
4	4	−3	Yes	
⋮	⋮	⋮	⋮	
99	−99	−50	Yes	
100	100		No	−50

3-11 세 수 중 가장 큰 수 찾기

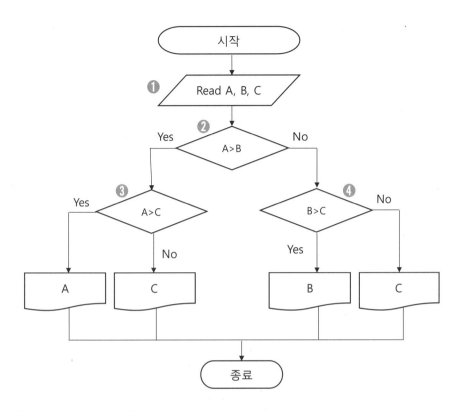

❶ 변수 A, B, C를 읽음

❷ 변수 A가 B보다 크면 ❸으로 이동, 그렇지 않으면 ❹로 이동

❸ 변수 A가 C보다 크면 A 출력, 그렇지 않으면 C 출력

❹ 변수 B가 C보다 크면 B 출력, 그렇지 않으면 C 출력

결과

A	B	C	출력
5	3	9	9
7	8	1	8
6	4	3	6

놀이동산 입장료

나이	입장료
3세 미만	무료
3세 이상~65세 미만	정가
65세 이상	정가의 50%

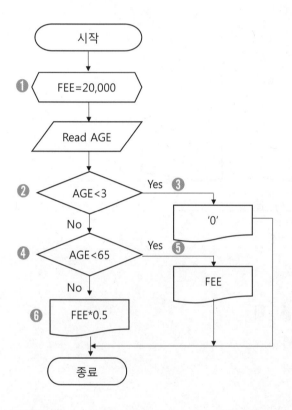

❶ FEE(요금)은 20,000으로 정의

❷ AGE(나이)가 3살 미만이면 ❸으로 이동, 그렇지 않으면 ❹로 이동

❸ FEE(요금) 0 출력

❹ AGE(나이)가 65살 미만이면 ❺로 이동, 그렇지 않으면 ❻으로 이동

❺ FEE(요금) 출력

❻ FEE(요금)*50% 출력

결과

AGE	출력(FEE)
2	0
27	20,000
68	10,000

3-13 1부터 100까지 출력하기

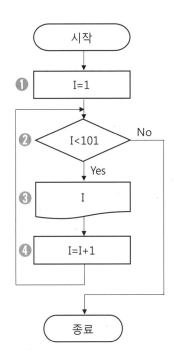

❶ 변수 I를 1로 초기화함

❷ 변수 I가 101 미만이면 ❸으로 이동, 그렇지 않으면 종료

❸ I 출력

❹ I=I+1 계산 후 ❷로 이동

결과

I	출력(I)
1	1
2	2
⋮	⋮
99	99
100	100

PART

03

스크래치 기초

학습목표

이번 Part에서는 스크래치의 기초 프로그래밍인 동작, 이벤트, 형태, 제어, 소리, 감지, 펜, 연산, 데이터, 추가 블록, 변수, 리스트에 대해 알아봅니다.

01 동작 블록

동작 블록은 스프라이트의 움직임을 설정할 수 있는 블록으로 스프라이트의 위치, 회전, 방향 등을 설정할 때 사용합니다.

블록	설명
10 만큼 움직이기	스프라이트를 10(픽셀)만큼 이동합니다.
15 도 돌기	스프라이트를 15°만큼 시계 방향으로 회전합니다.
15 도 돌기	스프라이트를 15°만큼 시계 반대 방향으로 회전합니다.
90 도 방향 보기 (90) 오른쪽 (-90) 왼쪽 (0) 위 (180) 아래	스프라이트의 방향을 설정합니다. '오른쪽/왼쪽/위/아래'로 설정할 수 있으며 직접 입력할 수도 있습니다.
마우스 포인터 쪽 보기	마우스 포인터 방향으로 스프라이트의 방향이 설정됩니다.
x: 0 y: 0 로 이동하기	입력한 x좌표와 y좌표로 스프라이트가 이동합니다.
마우스 포인터 위치로 이동하기	마우스 포인터 위치로 스프라이트가 이동합니다.
1 초 동안 x: 0 y: 0 으로 움직이기	입력한 시간동안 x좌표와 y좌표로 스프라이트가 이동합니다.
x좌표를 10 만큼 바꾸기	스프라이트의 x좌표가 10만큼 이동(오른쪽)합니다.
x좌표를 0 (으)로 정하기	스프라이트의 x좌표를 입력된 값으로 지정합니다.
y좌표를 10 만큼 바꾸기	스프라이트의 y좌표가 10만큼 이동(왼쪽)합니다.
y좌표를 0 (으)로 정하기	스프라이트의 y좌표를 입력된 값으로 지정합니다.
벽에 닿으면 튕기기	벽에 닿으면 스프라이트 방향을 반대로 변경합니다.
회전방식을 왼쪽-오른쪽 로 정하기 왼쪽-오른쪽 회전하지 않기 회전하기	스프라이트의 회전 방식(왼쪽-오른쪽/회전하지 않기/회전하기)을 설정합니다.

x좌표	스프라이트의 현재 위치의 x좌표 값을 나타냅니다.
y좌표	스프라이트의 현재 위치의 y좌표 값을 나타냅니다.
방향	스프라이트의 현재 이동 방향 각도를 나타냅니다.

1-1 이동하기

📁 [예제파일] C:\COS\기초\1-1(예제).sb2

📁 [결과파일] C:\COS\기초\1-1(완료).sb2

비행기를 클릭하면 이동합니다.

예제 화면

결과 화면

```
이 스프라이트가 클릭될 때
10 만큼 움직이기
```

❶ [이벤트]– 이 스프라이트가 클릭될 때 블록을 드래그하여 스크립트 영역에 놓습니다.

❷ [동작]– 10 만큼 움직이기 블록을 드래그하여 스크립트 영역에 놓습니다.

멘토의 한수

양수를 입력하면 오른쪽으로, 음수를 입력하면 왼쪽으로 움직입니다.

지정한 위치로 이동하기

📁 [예제파일] C:\COS\기초\1-2(예제).sb2
📁 [결과파일] C:\COS\기초\1-2(완료).sb2

🏳 을 클릭하면 이동합니다.

예제 화면

결과 화면

① [이벤트]– 클릭했을 때 블록을 드래그하여 스크립트 영역에 놓습니다.

② [동작]– 1 초 동안 x: 0 y: 0 으로 움직이기 블록을 드래그하여 스크립트 영역에 놓은 후 '0 → 20, 0 → 30'으로 수정합니다.

③ 동일한 방법으로 [동작]– 1 초 동안 x: 0 y: 0 으로 움직이기 블록을 드래그하여 스크립트 영역에 놓은 후 '0 → 120, 0 → –30'으로 수정합니다.

[예제파일] C:\COS\기초\1-3(예제).sb2
[결과파일] C:\COS\기초\1-3(완료).sb2

딱정벌레가 움직이다가 벽에 닿으면 튕기도록 합니다.

예제 화면

결과 화면

❶ [이벤트]- 클릭했을 때 블록을 드래그하여 스크립트 영역에 놓습니다.

❷ [제어]- 무한 반복하기 블록을 드래그하여 스크립트 영역에 놓습니다.

❸ [동작]- 10 만큼 움직이기 블록을 드래그하여 스크립트 영역에 놓습니다.

❹ [동작]- 벽에 닿으면 튕기기 블록을 드래그하여 스크립트 영역에 놓습니다.

[예제파일] C:₩COS₩기초₩1-4(예제).sb2
[결과파일] C:₩COS₩기초₩1-4(완료).sb2

물고기가 마우스 포인터를 따라 움직입니다.

예제 화면

결과 화면

❶ [이벤트]– 클릭했을 때 블록을 드래그하여 스크립트 영역에 놓습니다.

❷ [제어]– 무한 반복하기 블록을 드래그하여 스크립트 영역에 놓습니다.

❸ [동작]– 마우스 포인터 쪽 보기 블록을 드래그하여 스크립트 영역에 놓습니다.

❹ [동작]– 마우스 포인터 위치로 이동하기 블록을 드래그하여 스크립트 영역에 놓습니다.

02 이벤트 블록

이벤트 블록은 스크립트의 실행과 특정 동작을 실행할 수 있는 블록으로 스크래치를 실행하거나 이벤트를 구성하는 블록 등을 설정할 때 사용합니다.

블록	설명
클릭했을 때	🏳 을 클릭했을 때 스크립트를 실행합니다.
스페이스 ▼ 키를 눌렀을 때 스페이스 위쪽 화살표 아래쪽 화살표 오른쪽 화살표 왼쪽 화살표 아무 a b c d e f g h i j k l m n o p q ▼	지정된 키보드 키를 눌렀을 때 스크립트를 실행합니다.
이 스프라이트가 클릭될 때	스프라이트를 마우스로 클릭했을 때 스크립트를 실행합니다.
배경이 배경1 ▼ (으)로 바뀌었을 때	무대의 배경이 다른 것으로 변경될 때 스크립트를 실행합니다.
음량 ▼ > 10 일 때 음량 타이머 비디오 동작	음량, 타이머, 비디오 동작 등이 설정한 값보다 크면 스크립트를 실행합니다.
메시지1 ▼ 을(를) 받았을 때	설정한 메시지를 받았을 때 스크립트를 실행합니다.
메시지1 ▼ 방송하기	설정한 메시지를 방송합니다.
메시지1 ▼ 방송하고 기다리기	설정한 메시지를 방송한 다음 방송을 받은 스크립트가 끝날 때까지 기다린 후 스크립트를 실행합니다.

트램폴린에서 뛰어 놀기

📁 [예제파일] C:₩COS₩기초₩2-1(예제).sb2
📁 [결과파일] C:₩COS₩기초₩2-1(완료).sb2

트램폴린을 클릭하면 아이가 뜁니다.

예제 화면

결과 화면

▲ 트램폴린

▲ Anna

트램폴린 스프라이트

❶ [이벤트]- 이 스프라이트가 클릭될 때 블록을 드래그하여 스크립트 영역에 놓습니다.

❷ [이벤트]- 메시지1 ▼ 방송하기 블록을 드래그하여 스크립트 영역에 놓습니다.

Anna 스프라이트

❶ [이벤트]– 메사지1 ▼ 을(를) 받았을 때 블록을 드래그하여 스크립트 영역에 놓습니다.

❷ [형태]– 맨 앞으로 순서 바꾸기 블록을 드래그하여 스크립트 영역에 놓습니다.

❸ [제어]– 10 번 반복하기 블록을 드래그하여 스크립트 영역에 놓은 후 '10→4'로 수정합니다.

❹ [동작]– y좌표를 10 만큼 바꾸기 블록을 드래그하여 스크립트 영역에 놓은 후 '10→30'으로 수정합니다.

❺ [제어]– 1 초 기다리기 블록을 드래그하여 스크립트 영역에 놓은 후 '1→0.5'로 수정합니다.

❻ [동작]– y좌표를 10 만큼 바꾸기 블록을 드래그하여 스크립트 영역에 놓은 후 '10→−30'으로 수정합니다.

❼ [제어]– 1 초 기다리기 블록을 드래그하여 스크립트 영역에 놓은 후 '1→0.5'로 수정합니다.

2-2 벽에 팅기기

📁 [예제파일] C:₩COS₩기초₩2-2(예제).sb2
📁 [결과파일] C:₩COS₩기초₩2-2(완료).sb2

공이 외곽에 닿으면 팅겨 나오는 프로그램입니다.

예제 화면   결과 화면

① [이벤트]– 클릭했을 때 블록을 드래그하여 스크립트 영역에 놓습니다.

② [동작]– 90▼ 도 방향 보기 블록을 드래그하여 스크립트 영역에 놓은 후 '90→30'으로 수정합니다.

③ [제어]– 무한 반복하기 블록을 드래그하여 스크립트 영역에 놓습니다.

④ [동작]– 10 만큼 움직이기 블록을 드래그하여 스크립트 영역에 놓은 후 '10→20'으로 수정합니다.

⑤ [동작]– 벽에 닿으면 튕기기 블록을 드래그하여 스크립트 영역에 놓습니다.

2-3 연습하기1

📁 [예제파일] C:₩COS₩기초₩2-3(예제).sb2
📁 [결과파일] C:₩COS₩기초₩2-3(완료).sb2

램프를 켜고, 끄는 프로그램입니다.

예제 화면

결과 화면

① [이벤트]– 🏳 클릭했을 때 블록을 드래그하여 스크립트 영역에 놓습니다.

② [제어]– 무한 반복하기 블록을 드래그하여 스크립트 영역에 놓습니다.

③ [제어]– 10 번 반복하기 블록을 드래그하여 스크립트 영역에 놓습니다.

④ [형태]– 색깔 ▼ 효과를 25 만큼 바꾸기 블록을 드래그하여 스크립트 영역에 놓은 후 '색깔→밝기', '25→-10'으로 수정합니다.

⑤ [제어]– 10 번 반복하기 블록을 드래그하여 스크립트 영역에 놓습니다.

⑥ [형태]– 색깔 ▼ 효과를 25 만큼 바꾸기 블록을 드래그하여 스크립트 영역에 놓은 후 '색깔→밝기', '25→10'으로 수정합니다.

2-4 연습하기2

📁 [예제파일] C:₩COS₩기초₩2-4(예제).sb2
📁 [결과파일] C:₩COS₩기초₩2-4(완료).sb2

위성을 돌리는 프로그램입니다.

예제 화면   결과 화면

① [이벤트]– 블록을 드래그하여 스크립트 영역에 놓은 후 '스페이스→a'로 수정합니다.

② [제어]– 블록을 드래그하여 스크립트 영역에 놓습니다.

③ [동작]– 블록을 드래그하여 스크립트 영역에 놓습니다.

④ [이벤트]– 블록을 드래그하여 스크립트 영역에 놓은 후 '스페이스→b'로 수정합니다.

⑤ [제어]– 블록을 드래그하여 스크립트 영역에 놓습니다.

⑥ [동작]– 블록을 드래그하여 스크립트 영역에 놓은 후 '15→25'로 수정합니다.

⑦ [이벤트]– 블록을 드래그하여 스크립트 영역에 놓은 후 '스페이스→c'로 수정합니다.

⑧ [제어]– 블록을 드래그하여 스크립트 영역에 놓습니다.

⑨ [동작]– 블록을 드래그하여 스크립트 영역에 놓은 후 '15→35'로 수정합니다.

03 형태 블록

형태 블록은 모양, 크기, 효과 등을 설정할 수 있는 블록으로 모양을 바꾸어 애니메이션 효과를 만들 수 있고, 말풍선, 그래픽 효과 등을 넣어 다양한 모양을 만들 수가 있습니다.

블록	설명
Hello! 을(를) 2 초동안 말하기	네모에 입력한 내용을 ○초 동안 💬으로 표시합니다.
Hello! 말하기	네모에 입력한 내용을 💬으로 표시합니다.
Hmm... 을(를) 2 초동안 생각하기	네모에 입력한 내용을 ○초 동안 💭으로 표시합니다.
Hmm... 생각하기	네모에 입력한 내용을 💭으로 표시합니다.
보이기	스프라이트를 무대에 보이도록 표시합니다.
숨기기	스프라이트를 무대에서 보이지 않도록 합니다.
모양을 모양2 (으)로 바꾸기 모양1 모양2	스프라이트 모양을 선택한 모양으로 바꿉니다.
다음 모양으로 바꾸기	스프라이트의 모양을 모양 탭에 등록되어 있는 다른 모양으로 바꿉니다.
배경을 배경1 ▼ (으)로 바꾸기	배경을 지정한 배경으로 바꿉니다.
색깔 ▼ 효과를 25 만큼 바꾸기 색깔 어안 렌즈 소용돌이 픽셀화 모자이크 밝기 반투명	색깔, 어안 렌즈, 소용돌이, 픽셀화, 모자이크, 밝기, 반투명 등의 효과를 0에서 설정한 값만큼 바꿉니다.
색깔 ▼ 효과를 0 (으)로 정하기	색깔, 어안 렌즈, 소용돌이, 픽셀화, 모자이크, 밝기, 반투명 등의 효과를 0에서 설정한 값으로 바꿉니다. 값이 클수록 많은 효과를 설정하고, 0에 가까울수록 효과를 지웁니다.

그래픽 효과 지우기	스프라이트에 지정된 모든 그래픽 효과를 지웁니다.
크기를 10 만큼 바꾸기	스프라이트의 크기를 ○에서 설정한 값만큼 바꿉니다.
크기를 100 % 로 정하기	스프라이트의 크기를 ○에서 설정한 % 만큼 바꿉니다.
맨 앞으로 순서 바꾸기	스프라이트가 여러 개 겹쳐 있을 경우 맨 앞으로 나오게 합니다.
1 번째로 물러나기	스프라이트가 여러 개 겹쳐 있을 경우 순서를 결정합니다.
모양 #	스프라이트의 모양이 여러 개일 경우 현재 화면에 표시되고 있는 스프라이트가 몇 번째 모양인지 표시합니다.
배경 이름	현재 배경 이름을 표시합니다.
크기	스프라이트의 현재 크기값을 표시합니다.

3-1 색상 변경하기

📁 [예제파일] C:₩COS₩기초₩3-1(예제).sb2
📁 [결과파일] C:₩COS₩기초₩3-1(완료).sb2

자동차를 클릭하면 색상이 변경되는 프로그램입니다.

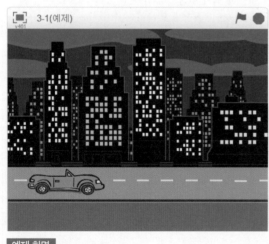

예제 화면

결과 화면

이 스프라이트가 클릭될 때
색깔 ▼ 효과를 25 만큼 바꾸기

❶ [이벤트]- 이 스프라이트가 클릭될 때 블록을 드래그하여 스크립트 영역에 놓습니다.

❷ [형태]- 색깔 ▼ 효과를 25 만큼 바꾸기 블록을 드래그하여 스크립트 영역에 놓습니다.

> **멘토의 한수**
>
> 다른 효과를 적용하려면 숫자 크기를 바꾸어줍니다.

❸ 자동차 스프라이트를 클릭할 때마다 색상이 변경됩니다.

3-2 크기 변경하기

📁 [예제파일] C:\COS\기초\3-2(예제).sb2
📁 [결과파일] C:\COS\기초\3-2(완료).sb2

하트를 클릭했을 때 크기가 변경되는 프로그램입니다.

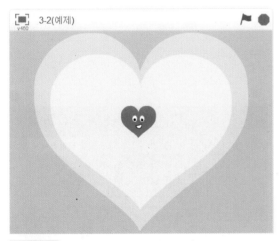

예제 화면

결과 화면

```
이 스프라이트가 클릭될 때
17 번 반복하기
    크기를 10 만큼 바꾸기
17 번 반복하기
    크기를 -10 만큼 바꾸기
```

❶ [이벤트]- 이 스프라이트가 클릭될 때 블록을 드래그하여 스크립트 영역에 놓습니다.

② [제어]- [10 번 반복하기] 블록을 드래그하여 스크립트 영역에 놓은 후 '10→17'로 수정합니다.

③ [형태]- [크기를 10 만큼 바꾸기] 블록을 드래그하여 스크립트 영역에 놓습니다.

④ [제어]- [10 번 반복하기] 블록을 드래그하여 스크립트 영역에 놓은 후 '10→17'로 수정합니다.

⑤ [형태]- [크기를 10 만큼 바꾸기] 블록을 드래그하여 스크립트 영역에 놓은 후 '10→10'으로 수정합니다.

⑥ 하트를 클릭하면 크기가 켜졌다가 작아집니다.

> **멘토의 한수**
>
> 하트 크기가 양수이면 커지고, 음수이면 작아집니다.

3-3 연습하기1

📁 [예제파일] C:₩COS₩기초₩3-3(예제).sb2
📁 [결과파일] C:₩COS₩기초₩3-3(완료).sb2

도흔이와 찬록이가 아재개그를 하는 프로그램입니다.

예제 화면

결과 화면

▲ 도흔

▲ 찬록

❶ [이벤트]– 클릭했을 때 블록을 드래그하여 스크립트 영역에 놓습니다.

❷ [형태]– Hello! 을(를) 2 초동안 말하기 블록을 드래그하여 스크립트 영역에 놓은 후 'Hello!→미소의 반대말은?', '2→3'으로 수정합니다.

❸ [제어]– 1 초 기다리기 블록을 드래그하여 스크립트 영역에 놓은 후 '1→2'로 수정합니다.

❶ [이벤트]– 클릭했을 때 블록을 드래그하여 스크립트 영역에 놓습니다.

❷ [제어]– 1 초 기다리기 블록을 드래그하여 스크립트 영역에 놓은 후 '1→5'로 수정합니다.

❸ [형태]– Hello! 을(를) 2 초동안 말하기 블록을 드래그하여 스크립트 영역에 놓은 후 'Hello!→당기소 ㅋㅋ', '2→3'으로 수정합니다.

3-4 연습하기2

📂 [예제파일] C:₩COS₩기초₩3-4(예제).sb2
📂 [결과파일] C:₩COS₩기초₩3-4(완료).sb2

박쥐가 보였다 숨기를 반복하는 프로그램입니다.

예제 화면

결과 화면

❶ [이벤트]– 클릭했을 때 블록을 드래그하여 스크립트 영역에 놓습니다.

❷ [제어]– 무한 반복하기 블록을 드래그하여 스크립트 영역에 놓습니다.

❸ [형태]– 보이기 블록을 드래그하여 스크립트 영역에 놓습니다.

❹ [제어]– 1 초 기다리기 블록을 드래그하여 스크립트 영역에 놓습니다.

❺ [형태]– 숨기기 블록을 드래그하여 스크립트 영역에 놓습니다.

❻ [제어]– 1 초 기다리기 블록을 드래그하여 스크립트 영역에 놓습니다.

04 제어 블록

제어 블록은 반복문과 조건문, 복제 등을 실행하는 블록으로 구성되어 있습니다. 따라서 스크래치 프로그램의 동작하는 흐름을 제어할 수 있습니다.

블록	설명
1 초 기다리기	설정한 시간만큼 기다린 후 다음 블록을 실행합니다.
10 번 반복하기	설정한 횟수만큼 반복한 후 다음 블록을 실행합니다.
무한 반복하기	내부 블록을 계속해서 반복 실행합니다.
만약 (이)라면	조건에 맞으면 내부 블록을 실행하고, 조건에 맞지 않으면 이후에 있는 블록을 실행합니다.
만약 (이)라면 아니면	조건에 맞으면 첫 번째 블록을 실행하고, 조건에 맞지 않으면 두 번째 블록을 실행합니다.
까지 기다리기	조건에 맞는 상황까지 블록을 실행하지 않고 기다립니다.
까지 반복하기	조건이 맞을 때까지 계속해서 반복합니다.
모두 ▼ 멈추기 모두 이 스크립트 스프라이트에 있는 다른 스크립트	실행중인 스크립트의 실행을 멈춥니다.
복제되었을 때	블록이 복제되었을 때 아래 블록을 실행합니다.
나 자신 ▼ 복제하기	선택한 스프라이트를 복제합니다.
이 복제본 삭제하기	복제된 스프라이트를 삭제합니다.

[예제파일] C:₩COS₩기초₩4-1(예제).sb2
[결과파일] C:₩COS₩기초₩4-1(완료).sb2

박쥐를 클릭하면 날개가 움직입니다.

예제 화면

결과 화면

❶ [이벤트]─ 이 스프라이트가 클릭될 때 블록을 드래그하여 스크립트 영역에 놓습니다.

❷ [제어]─ 10 번 반복하기 블록을 드래그하여 스크립트 영역에 놓은 후 '10→4'로 수정합니다.

❸ [형태]─ 모양을 bat1-b (으)로 바꾸기 블록을 드래그하여 스크립트 영역에 놓습니다.

❹ [제어]─ 1 초 기다리기 블록을 드래그하여 스크립트 영역에 놓은 후 '1→0.3'으로 수정합니다.

❺ [형태]─ 모양을 bat1-a (으)로 바꾸기 블록을 드래그하여 스크립트 영역에 놓습니다.

❻ [제어]─ 1 초 기다리기 블록을 드래그하여 스크립트 영역에 놓은 후 '1→0.3'으로 수정합니다.

4-2 돌리기

📁 [예제파일] C:₩COS₩기초₩4-2(예제).sb2
📁 [결과파일] C:₩COS₩기초₩4-2(완료).sb2

고양이를 클릭하면 방향을 돌리는 프로그램입니다.

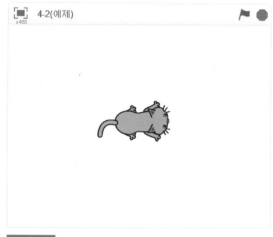

예제 화면

결과 화면

❶ [이벤트]— 이 스프라이트가 클릭될 때 블록을 드래그하여 스크립트 영역에 놓습니다.

❷ [제어]— 10 번 반복하기 블록을 드래그하여 스크립트 영역에 놓습니다.

❸ [동작]— ↻ 15 도 돌기 블록을 드래그하여 스크립트 영역에 놓습니다.

❹ 쥐 스프라이트를 클릭할 때마다 회전됩니다.

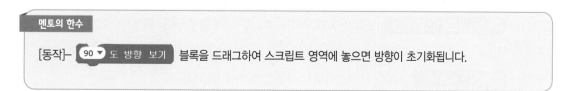

멘토의 한수

[동작]— 90 ▼ 도 방향 보기 블록을 드래그하여 스크립트 영역에 놓으면 방향이 초기화됩니다.

📁 [예제파일] C:₩COS₩기초₩4-3(예제).sb2
📁 [결과파일] C:₩COS₩기초₩4-3(완료).sb2

무당벌레가 움직이는 프로그램입니다.

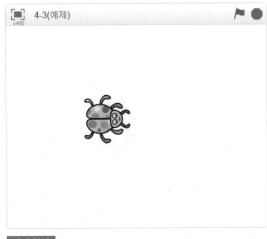

예제 화면

결과 화면

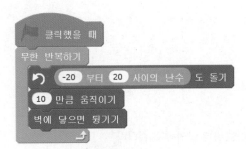

❶ [이벤트]– 🏳 클릭했을 때 블록을 드래그하여 스크립트 영역에 놓습니다.

❷ [제어]– 무한 반복하기 블록을 드래그하여 스크립트 영역에 놓습니다.

❸ [동작]– ↻ 15 도 돌기 블록을 드래그하여 스크립트 영역에 놓습니다.

❹ [연산]– 1 부터 10 사이의 난수 블록을 드래그하여 스크립트 영역에 놓은 후 '1→−20, 10→20'으로 수정합니다.

❺ [동작]– 10 만큼 움직이기 블록을 드래그하여 스크립트 영역에 놓습니다.

❻ [동작]– 벽에 닿으면 튕기기 블록을 드래그하여 스크립트 영역에 놓습니다.

[예제파일] C:₩COS₩기초₩4-4(예제).sb2
[결과파일] C:₩COS₩기초₩4-4(완료).sb2

브레이크 댄싱을 즐기는 프로그램입니다.

예제 화면

결과 화면

❶ [이벤트]– [클릭했을 때] 블록을 드래그하여 스크립트 영역에 놓습니다.

❷ [제어]– [10 번 반복하기] 블록을 드래그하여 스크립트 영역에 놓은 후 '10→3'으로 수정합니다.

❸ [제어]– [1 초 기다리기] 블록을 드래그하여 스크립트 영역에 놓습니다.

❹ [형태]– [모양을 breakdancer1-c (으)로 바꾸기] 블록을 드래그하여 스크립트 영역에 놓은 후 'breakdancer1 –c→breakdancer1-a'로 수정합니다.

❺ [제어]– `1 초 기다리기` 블록을 드래그하여 스크립트 영역에 놓습니다.

❻ [형태]– `모양을 breakdancer1-c (으)로 바꾸기` 블록을 드래그하여 스크립트 영역에 놓은 후 'breakdancer1
-c→breakdancer1-b'로 수정합니다.

❼ [제어]– `1 초 기다리기` 블록을 드래그하여 스크립트 영역에 놓습니다.

❽ [형태]– `모양을 breakdancer1-c (으)로 바꾸기` 블록을 드래그하여 스크립트 영역에 놓습니다.

❾ [제어]– `모두 멈추기` 블록을 드래그하여 스크립트 영역에 놓습니다.

05 소리 블록

소리 블록은 스프라이트에 삽입된 소리 파일을 설정할 수 있으며 드럼, 심벌, 탬버린 등 18가지의 악기를 재생할 수 있으며 효과음을 설정할 수 있는 블록입니다.

블록	설명
야옹 ▼ 재생하기	지정된 소리를 재생합니다.
야옹 ▼ 끝까지 재생하기	소리를 끝까지 재생한 후 다음 블록을 실행합니다.
모든 소리 끄기	재생 중인 모든 소리를 끕니다.
1 ▼ 번 타악기를 0.25 박자로 연주하기 (1) 스네어 드럼 (2) 베이스 드럼 (3) 사이드 스틱 (4) 크래시 심벌 (5) 오픈 하이-햇 (6) 닫힌 하이-햇 (7) 탬버린 (8) 박수 (9) 클라베스 (10) 목관 (11) 카우벨 (12) 트라이앵글 (13) 봉고 (14) 콩가드럼 (15) 카바사 (16) 커로우 (17) 비브라슬랩 (18) 오픈 퀴카	18가지 타악기 중에서 선택한 타악기를 설정한 박자로 연주합니다.
0.25 박자 쉬기	설정한 박자만큼 재생을 쉽니다.
60 ▼ 번 음을 0.5 박자로 연주하기 E (64)	설정한 음을 설정한 박자로 연주합니다.
1 ▼ 번 악기로 정하기 (1) 피아노 (2) 전자 피아노 (3) 오르간 (4) 기타 (5) 전자 기타 (6) 베이스 (7) 피치카토 (8) 첼로 (9) 트럼본 (10) 클라리넷 (11) 색소폰 (12) 플룻 (13) 나무 플루트 (14) 바순 (15) 합창단 (16) 비브라폰 (17) 뮤직 박스 (18) 스탈 드럼 (19) 마림바 (20) 신스 리드 (21) 신스 패드	연주할 악기(총 21종류)를 설정합니다.

음량을 -10 만큼 바꾸기	음량을 설정한 값만큼 바꿉니다.
음량을 100 % (으)로 정하기	음량을 % 단위로 설정합니다.
음량	현재 음량이 얼마인지를 값으로 표시합니다.
빠르기를 20 만큼 바꾸기	빠르기를 설정한 값만큼 변경합니다.
빠르기를 60 bpm 으로 정하기	빠르기를 BPM(Beats Per Minute) 기준으로 설정합니다.
박자	현재 박자(템포)가 얼마인지를 값으로 표시합니다.

5-1 소리 내기

📂 [예제파일] C:₩COS₩기초₩5-1(예제).sb2
📂 [결과파일] C:₩COS₩기초₩5-1(완료).sb2

오리를 클릭했을 때 소리가 나는 프로그램입니다.

예제 화면

결과 화면

이 스프라이트가 클릭될 때
duck ▾ 재생하기

❶ [이벤트]– 이 스프라이트가 클릭될 때 블록을 드래그하여 스크립트 영역에 놓습니다.

❷ '저장소에서 소리 선택'을 클릭합니다.

❸ 'duck'을 선택한 후 〈확인〉을 클릭합니다.

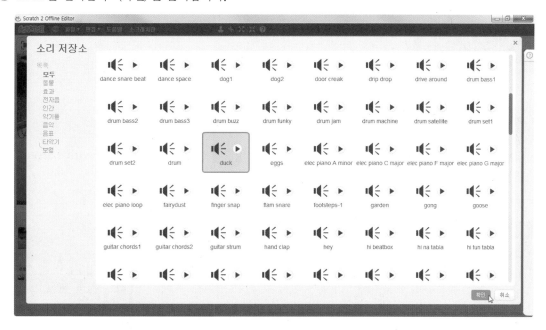

❹ [이벤트]- duck ▼ 재생하기 블록을 드래그하여 스크립트 영역에 놓습니다.

❺ 오리 스프라이트를 클릭할 때마다 소리가 나타납니다.

📁 [예제파일] C:₩COS₩기초₩5-2(예제).sb2
📁 [결과파일] C:₩COS₩기초₩5-2(완료).sb2

키보드의 스페이스 키를 클릭했을 때 악기 소리가 나는 프로그램입니다.

예제 화면

결과 화면

❶ [이벤트]- 스페이스 ▼ 키를 눌렀을 때 블록을 드래그하여 스크립트 영역에 놓습니다.

❷ [소리]- flam snare ▼ 재생하기 블록을 드래그하여 스크립트 영역에 놓은 후 'flam snare→drive around'로 수정합니다.

멘토의 한수

'drive around'로 변경하려면 [소리] 탭에서 '저장소에서 소리 선택'을 클릭한 후 'drive around'를 삽입해야 합니다.

📁 [예제파일] C:\COS\기초\5-3(예제).sb2
📁 [결과파일] C:\COS\기초\5-3(완료).sb2

배경에서 바다 소리가 나도록 하는 프로그램입니다.

예제 화면

결과 화면

❶ [이벤트]- ▶ 클릭했을 때 블록을 드래그하여 스크립트 영역에 놓습니다.

❷ [제어]- 무한 반복하기 블록을 드래그하여 스크립트 영역에 놓습니다.

❸ [소리]- bubbles ▼ 끝까지 재생하기 블록을 드래그하여 스크립트 영역에 놓습니다.

📁 [예제파일] C:₩COS₩기초₩5-4(예제).sb2
📁 [결과파일] C:₩COS₩기초₩5-4(완료).sb2

걸을 때 발자국 소리가 나도록 하는 프로그램입니다.

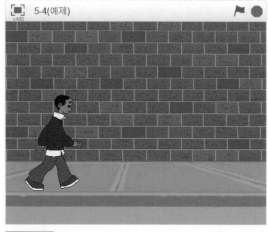

예제 화면

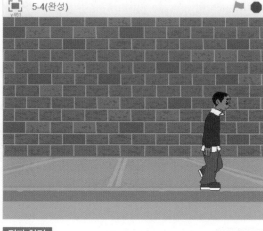

결과 화면

❶ [이벤트]- 클릭했을 때 블록을 드래그하여 스크립트 영역에 놓습니다.

❷ [제어]- 무한 반복하기 블록을 드래그하여 스크립트 영역에 놓습니다.

❸ [소리]- pop▾ 재생하기 블록을 드래그하여 스크립트 영역에 놓습니다.

❹ [형태]- 다음 모양으로 바꾸기 블록을 드래그하여 스크립트 영역에 놓습니다.

❺ [동작]- 10 만큼 움직이기 블록을 드래그하여 스크립트 영역에 놓은 후 '10→20'으로 수정합니다.

❻ [제어]- 1 초 기다리기 블록을 드래그하여 스크립트 영역에 놓습니다.

06 감지 블록

감지 블록은 스프라이트가 다른 스프라이트에 닿았는지, 특정 색상에 닿았는지 등을 관찰하는 블록입니다. 참과 거짓값을 블록의 결과값으로 돌려주어 제어 블록과 함께 연결하여 사용하는 경우가 많습니다.

블록	설명
마우스 포인터 ▼ 에 닿았는가? 마우스 포인터 벽	스프라이트가 지정한 대상(마우스 포인터, 벽)과 닿았는지 판단합니다.
■ 색에 닿았는가?	스프라이트가 지정한 색에 닿았는지 판단합니다.
□ 색이 □ 색에 닿았는가?	첫 번째 색이 두 번째 색에 닿았는지 판단합니다.
마우스 포인터 ▼ 까지 거리	지정한 스프라이트나 마우스 포인터까지의 거리를 알려줍니다.
What's your name? 묻고 기다리기	설정한 문장을 질문한 후 입력값을 기다립니다. 입력한 항목은 '대답'에 저장됩니다.
대답	가장 최근에 키보드로 입력한 내용을 저장합니다.
스페이스 ▼ 키를 눌렀는가? 스페이스 위쪽 화살표 아래쪽 화살표 오른쪽 화살표 왼쪽 화살표 아무 a b c d e f g h i j k l m n o p q	화살표, 스페이스, 문자 키 등을 눌렀는지 판단합니다.
마우스를 클릭했는가?	마우스를 클릭했는지 확인합니다.

마우스의 **x**좌표	마우스 포인터의 X좌표를 설정합니다.
마우스의 **y**좌표	마우스 포인터의 Y좌표를 설정합니다.
음량	현재 음량을 확인합니다.
비디오 동작 ▼ 에 대한 이 스프라이트 ▼ 에서의 관찰값 동작 방향	지정된 스프라이트나 배경에 관한 비디오의 동작 또는 방향값을 관찰합니다.
비디오 켜기 ▼ 끄기 켜기 켜기-좌우반전	컴퓨터와 연결된 비디오를 켜거나 끄고 화면의 좌우를 변경합니다.
비디오 투명도를 50 % 로 정하기	비디오 투명도를 %값으로 설정합니다. 기본값은 50%(반투명)이고 100%(투명)까지 설정할 수 있습니다.
타이머	타이머가 실행되며 작동된 이후의 시간이 표시됩니다.
타이머 초기화	타이머를 0으로 초기화합니다.
x좌표 ▼ of 스프라이트 1 ▼ x좌표 y좌표 방향 모양# 모양이름 크기 음량	스프라이트의 X좌표, Y좌표, 방향, 모양 번호, 모양 이름, 크기, 음량의 정보를 가집니다.
현재 분 ▼ 년 달 일 요일 시 분 초	현재 날짜, 요일, 시간 등을 알아냅니다.
2000년 이후 현재까지 날짜수	2000년 이후부터 현재까지 날짜 수를 가져옵니다.
사용자이름	사용자 이름(로그인)을 가져옵니다.

양탄자 움직이기

[예제파일] C:₩COS₩기초₩6-1(예제).sb2
[결과파일] C:₩COS₩기초₩6-1(완료).sb2

키보드의 오른쪽 화살표(→), 왼쪽 화살표(←)를 누르면 양탄자가 움직이는 프로그램입니다.

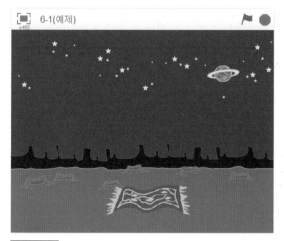

예제 화면

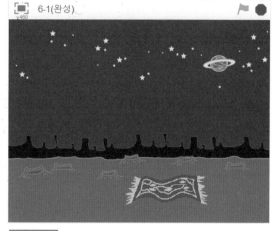

결과 화면

```
클릭했을 때
무한 반복하기
  만약   오른쪽 화살표 ▾ 키를 눌렀는가?  (이)라면
    x좌표를  10  만큼 바꾸기
  만약   왼쪽 화살표 ▾ 키를 눌렀는가?  (이)라면
    x좌표를  -10  만큼 바꾸기
```

❶ [이벤트]- `클릭했을 때` 블록을 드래그하여 스크립트 영역에 놓습니다.

❷ [제어]- `무한 반복하기` 블록을 드래그하여 스크립트 영역에 놓습니다.

❸ [제어]- `만약 (이)라면` 블록을 드래그하여 스크립트 영역에 놓습니다.

❹ [감지]- `스페이스 ▾ 키를 눌렀는가?` 블록을 드래그하여 스크립트 영역에 놓은 후 '스페이스→오른쪽 화살표'로 수정합니다.

❺ [동작]- `x좌표를 10 만큼 바꾸기` 블록을 드래그하여 스크립트 영역에 놓습니다.

❻ [제어]— 만약 (이)라면 블록을 드래그하여 스크립트 영역에 놓습니다.

❼ [감지]— 스페이스 ▼ 키를 눌렀는가? 블록을 드래그하여 스크립트 영역에 놓은 후 '스페이스→왼쪽 화살표'로 수정합니다.

❽ [동작]— x좌표를 10 만큼 바꾸기 블록을 드래그하여 스크립트 영역에 놓은 후 '10→−10'으로 수정합니다.

6-2 도착하기

📁 [예제파일] C:₩COS₩기초₩6−2(예제).sb2
📁 [결과파일] C:₩COS₩기초₩6−2(완료).sb2

자동차가 선에 닿으면 '목적지에 도착했습니다.' 메시지가 나타나는 프로그램입니다.

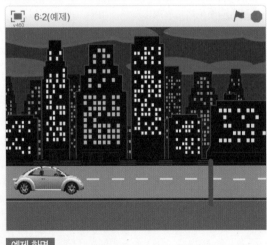

예제 화면

결과 화면

❶ [이벤트]— 스페이스 ▼ 키를 눌렀을 때 블록을 드래그하여 스크립트 영역에 놓습니다.

❷ [동작]– 10 만큼 움직이기 블록을 드래그하여 스크립트 영역에 놓은 후 '10→7'로 수정합니다.

❸ [제어]– 만약 (이)라면 블록을 드래그하여 스크립트 영역에 놓습니다.

❹ [감지]– 마우스 포인터▼ 에 닿았는가? 블록을 드래그하여 스크립트 영역에 놓은 후 '마우스 포인터→스프라이트 1'로 수정합니다.

❺ [형태]– Hello! 을(를) 2 초동안 말하기 블록을 드래그하여 스크립트 영역에 놓은 후 'Hello!→목적지에 도착했습니다.'로 수정합니다.

6-3 연습하기1

📁 [예제파일] C:₩COS₩기초₩6-3(예제).sb2
📁 [결과파일] C:₩COS₩기초₩6-3(완료).sb2

강아지가 벽에 닿을 때까지 움직이는 프로그램입니다.

예제 화면

결과 화면

① [이벤트]– 블록을 드래그하여 스크립트 영역에 놓습니다.

② [동작]– x: 0 y: 0 로 이동하기 블록을 드래그하여 스크립트 영역에 놓은 후 '0→-150, 0→-150'
으로 수정합니다.

③ [제어]– 까지 반복하기 블록을 드래그하여 스크립트 영역에 놓습니다.

④ [감지]– 마우스 포인터 ▼ 에 닿았는가? 블록을 드래그하여 스크립트 영역에 놓은 후 '마우스 포인터→벽'
으로 수정합니다.

⑤ [형태]– 다음 모양으로 바꾸기 블록을 드래그하여 스크립트 영역에 놓습니다.

⑥ [동작]– 10 만큼 움직이기 블록을 드래그하여 스크립트 영역에 놓습니다.

⑦ [연산]– 1 부터 10 사이의 난수 블록을 드래그하여 스크립트 영역에 놓습니다.

6-4 연습하기2

📁 [예제파일] C:\COS\기초\6-4(예제).sb2
📁 [결과파일] C:\COS\기초\6-4(완료).sb2

좋아하는 과목을 물어보는 프로그램입니다.

예제 화면

결과 화면

❶ [이벤트]– 클릭했을 때 블록을 드래그하여 스크립트 영역에 놓습니다.

❷ [감지]– What's your name? 묻고 기다리기 블록을 드래그하여 스크립트 영역에 놓은 후 'What's your name?→무슨 과목을 좋아하니?'로 수정합니다.

❸ [형태]– Hello! 을(를) 2 초동안 말하기 블록을 드래그하여 스크립트 영역에 놓습니다.

❹ [연산]– hello 와 world 결합하기 블록을 드래그하여 'Hello!' 영역에 놓습니다.

❺ 'hello→나는'으로 수정합니다.

❻ [감지]– 대답 블록을 드래그하여 'world' 영역에 놓습니다.

07 펜 블록

펜 블록은 선을 그릴 때 사용하는 블록으로 마우스나 키보드를 이용하여 직선, 곡선, 글자 등을 그릴 때 이용합니다.

블록	설명
지우기	지금까지 그린 선을 지웁니다.
도장찍기	스프라이트의 펜으로 그린 그림을 복사합니다.
펜 내리기	선 그리기를 시작합니다.
펜 올리기	선 그리기를 종료합니다.
펜 색깔을 █ (으)로 정하기	펜 색깔을 지정한 색상으로 변경합니다.
펜 색깔을 10 만큼 바꾸기	펜 색깔을 입력한 값만큼 변경합니다.
펜 색깔을 0 (으)로 정하기	펜 색깔을 입력한 값으로 정합니다.
펜 명암을 10 만큼 바꾸기	입력한 값만큼 선의 밝고 어둠을 정합니다.
펜 명암을 50 (으)로 정하기	입력한 값으로 선의 밝고 어둠을 정합니다.
펜 굵기를 1 만큼 바꾸기	입력한 값만큼 선의 굵기를 변경합니다.
펜 굵기를 1 (으)로 정하기	입력한 값으로 선의 굵기를 변경합니다.

[예제파일] C:₩COS₩기초₩7-1(예제).sb2
[결과파일] C:₩COS₩기초₩7-1(완료).sb2

고양이가 날아가면서 펜을 그리는 프로그램입니다.

예제 화면   결과 화면

❶ [이벤트]- 클릭했을 때 블록을 드래그하여 스크립트 영역에 놓습니다.

❷ [동작]- x: 0 y: 0 로 이동하기 블록을 드래그하여 스크립트 영역에 놓은 후 '0→-150'으로 수정합니다.

❸ [펜]- 지우기 블록을 드래그하여 스크립트 영역에 놓습니다.

❹ [펜]- 펜 내리기 블록을 드래그하여 스크립트 영역에 놓습니다.

❺ [펜]- 펜 굵기를 ❶ (으)로 정하기 블록을 드래그하여 스크립트 영역에 놓은 후 '1→30'으로 수정합니다.

⑥ [제어]– 10 번 반복하기 블록을 드래그하여 스크립트 영역에 놓은 후 '10→30'으로 수정합니다.

⑦ [동작]– x좌표를 10 만큼 바꾸기 블록을 드래그하여 스크립트 영역에 놓습니다.

⑧ [펜]– 펜 올리기 블록을 드래그하여 스크립트 영역에 놓습니다.

7-2 번개 치기

📁 [예제파일] C:₩COS₩기초₩7-2(예제).sb2
📁 [결과파일] C:₩COS₩기초₩7-2(완료).sb2

번개가 치는 프로그램입니다.

예제 화면

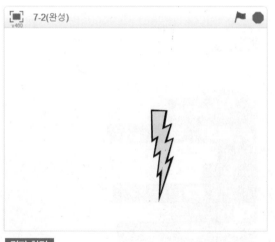

결과 화면

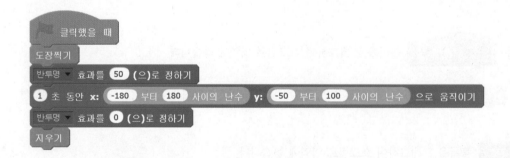

① [이벤트]– 클릭했을 때 블록을 드래그하여 스크립트 영역에 놓습니다.

② [펜]- 도장찍기 블록을 드래그하여 스크립트 영역에 놓습니다.

③ [형태]- 색깔▼ 효과를 0 (으)로 정하기 블록을 드래그하여 스크립트 영역에 놓은 후 '색깔→반투명, 0→50'으로 수정합니다.

④ [동작]- 1 초 동안 x: 0 y: 0 으로 움직이기 블록을 드래그하여 스크립트 영역에 놓습니다.

⑤ [연산]- 1 부터 10 사이의 난수 블록을 드래그하여 스크립트 영역에 놓은 후 '1→-180, 10→180'으로 수정합니다.

⑥ [연산]- 1 부터 10 사이의 난수 블록을 드래그하여 스크립트 영역에 놓은 후 '1→-50, 10→100'으로 수정합니다.

⑦ [형태]- 색깔▼ 효과를 0 (으)로 정하기 블록을 드래그하여 스크립트 영역에 놓은 후 '색깔→반투명'으로 수정합니다.

⑧ [펜]- 지우기 블록을 드래그하여 스크립트 영역에 놓습니다.

7-3 연습하기1

📁 [예제파일] C:\COS\기초\7-3(예제).sb2
📁 [결과파일] C:\COS\기초\7-3(완료).sb2

펜으로 선을 그리는 프로그램입니다.

예제 화면

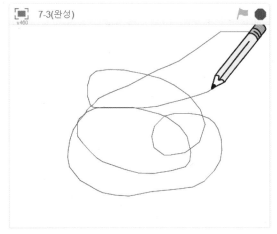

결과 화면

클릭했을 때

지우기

펜 내리기

무한 반복하기

　마우스 포인터 ▼ 위치로 이동하기

① [이벤트]– 클릭했을 때 블록을 드래그하여 스크립트 영역에 놓습니다.

② [펜]– 지우기 블록을 드래그하여 스크립트 영역에 놓습니다.

③ [펜]– 펜 내리기 블록을 드래그하여 스크립트 영역에 놓습니다.

④ [제어]– 무한 반복하기 블록을 드래그하여 스크립트 영역에 놓습니다.

⑤ [동작]– 마우스 포인터 ▼ 위치로 이동하기 블록을 드래그하여 스크립트 영역에 놓습니다.

7-4 　연습하기2

📁 [예제파일] C:₩COS₩기초₩7-4(예제).sb2
📁 [결과파일] C:₩COS₩기초₩7-4(완료).sb2

펜의 굵기를 변경하면서 선을 그리는 프로그램입니다.

예제 화면

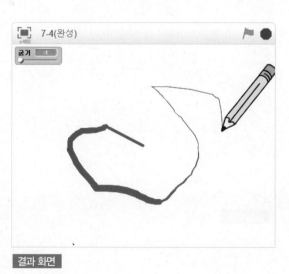

결과 화면

❶ [이벤트]- 블록을 드래그하여 스크립트 영역에 놓습니다.

❷ [추가 블록]- 블록을 드래그하여 스크립트 영역에 놓습니다.

❸ [제어]- 블록을 드래그하여 스크립트 영역에 놓습니다.

❹ [펜]- 블록을 드래그하여 스크립트 영역에 놓은 후 '1→ 굵기 '로 수정합니다.

❺ [동작]- 블록을 드래그하여 스크립트 영역에 놓습니다.

❻ [이벤트]- 블록을 드래그하여 스크립트 영역에 놓은 후 '1→왼쪽 화살표'로 수정합니다.

❼ [데이터]- 블록을 드래그하여 스크립트 영역에 놓은 후 '1→-1'로 수정합니다.

❽ [이벤트]- 블록을 드래그하여 스크립트 영역에 놓은 후 '스페이스→오른쪽 화살표'로 수정합니다.

❾ [데이터]- 블록을 드래그하여 스크립트 영역에 놓습니다.

08 연산 블록

연산 블록은 숫자와 문자를 계산하거나 연결할 때 사용하는 블록으로 산술 연산, 관계 연산, 논리 연산, 난수 등 연산을 수행할 때 이용합니다.

블록	설명
◯ + ◯	입력한 두 개의 값을 더합니다.
◯ − ◯	입력한 두 개의 값을 뺍니다.
◯ * ◯	입력한 두 개의 값을 곱합니다.
◯ / ◯	입력한 두 개의 값을 나눕니다.
1 부터 10 사이의 난수	입력한 두 개의 값 사이에서 임의의 수를 생성합니다.
◻ < ◻	입력한 두 개의 값 중 오른쪽 값이 큰지 비교합니다.
◻ = ◻	입력한 두 개의 값이 같은지 비교합니다.
◻ > ◻	입력한 두 개의 값 중 왼쪽 값이 큰지 비교합니다.
그리고	첫 번째 값과 두 번째 값이 모두 참이면 결과값 참을 가집니다.
또는	첫 번째 값이나 두 번째 값 중 하나라도 참이면 결과값 참을 가집니다.
가(이) 아니다	비교하는 연산이 참이면 거짓으로, 거짓이면 참으로 결과를 가집니다.
hello 와 world 결합하기	두 개의 문자열을 연결합니다.
1 번째 글자 (world)	문자열의 순번의 문자를 돌려줍니다.
world 의 길이	문자열의 개수를 돌려줍니다.
◯ 나누기 ◯ 의 나머지	두 개의 값을 나눈 후 나머지 값을 돌려줍니다.
◯ 반올림	입력된 값을 반올림합니다.

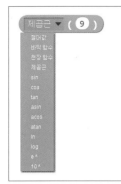	입력된 값을 연산자로 계산합니다.

8-1 앵무새 떨어뜨리기

📂 [예제파일] C:₩COS₩기초₩8-1(예제).sb2
📂 [결과파일] C:₩COS₩기초₩8-1(완료).sb2

앵무새가 아래로 무작위 위치에 떨어지는 프로그램입니다.

예제 화면

결과 화면

```
클릭했을 때
무한 반복하기
  y좌표를 -3 만큼 바꾸기
  만약   y좌표 < -175  (이)라면
    랜덤 위치 ▼ 위치로 이동하기
    y좌표를 180 (으)로 정하기
```

❶ [이벤트]– 클릭했을 때 블록을 드래그하여 스크립트 영역에 놓습니다.

❷ [제어]– 무한 반복하기 블록을 드래그하여 스크립트 영역에 놓습니다.

❸ [동작]– y좌표를 10 만큼 바꾸기 블록을 드래그하여 스크립트 영역에 놓은 후 '10→−3'으로 수정합니다.

❹ [제어]– 만약 (이)라면 블록을 드래그하여 스크립트 영역에 놓습니다.

❺ [연산]– ▢ = ▢ 블록을 드래그하여 스크립트 영역에 놓습니다.

❻ y좌표 < −175 와 같이 설정합니다.

❼ [동작]– 마우스 포인터 ▼ 위치로 이동하기 블록을 드래그하여 스크립트 영역에 놓은 후 '마우스 포인터'를 '랜덤 위치'로 수정합니다.

❽ [동작]– y좌표를 0 (으)로 정하기 블록을 드래그하여 스크립트 영역에 놓은 후 '0→180'으로 수정합니다.

8-2 나타나기

📂 [예제파일] C:₩COS₩기초₩8-2(예제).sb2
📂 [결과파일] C:₩COS₩기초₩8-2(완료).sb2

유령이 무작위로 나타나는 프로그램입니다.

예제 화면

결과 화면

❶ [이벤트]– `🏳 클릭했을 때` 블록을 드래그하여 스크립트 영역에 놓습니다.

❷ [제어]– `무한 반복하기` 블록을 드래그하여 스크립트 영역에 놓습니다.

❸ [동작]– `마우스 포인터 ▾ 위치로 이동하기` 블록을 드래그하여 스크립트 영역에 놓은 후 '마우스 포인터→랜덤 위치'로 수정합니다.

❹ [형태]– `숨기기` 블록을 드래그하여 스크립트 영역에 놓습니다.

❺ [제어]– `1 초 기다리기` 블록을 드래그하여 스크립트 영역에 놓습니다.

❻ [연산]– `1 부터 10 사이의 난수` 블록을 드래그하여 스크립트 영역에 놓습니다.

❼ [형태]– `보이기` 블록을 드래그하여 스크립트 영역에 놓습니다.

❽ [제어]– `1 초 기다리기` 블록을 드래그하여 스크립트 영역에 놓습니다.

8-3 연습하기1

📁 [예제파일] C:₩COS₩기초₩8-3(예제).sb2
📁 [결과파일] C:₩COS₩기초₩8-3(완료).sb2

하트가 크기를 변경하면서 뛰는 프로그램입니다.

예제 화면

결과 화면

❶ [이벤트]– 클릭했을 때 블록을 드래그하여 스크립트 영역에 놓습니다.

❷ [제어]– 10 번 반복하기 블록을 드래그하여 스크립트 영역에 놓은 후 '10→20'으로 수정합니다.

❸ [형태]– 크기를 100 % 로 정하기 블록을 드래그하여 스크립트 영역에 놓습니다.

❹ [연산]– 1 부터 10 사이의 난수 블록을 드래그하여 스크립트 영역에 놓은 후 '1→50, 10→150'으로 수정합니다.

❺ [형태]– 색깔 효과를 25 만큼 바꾸기 블록을 드래그하여 스크립트 영역에 놓습니다.

8-4 연습하기2

📁 [예제파일] C:\COS\기초\8-4(예제).sb2
📁 [결과파일] C:\COS\기초\8-4(완료).sb2

계절이 바뀌는 프로그램입니다.

예제 화면

결과 화면

❶ [이벤트]– 블록을 드래그하여 스크립트 영역에 놓습니다.

❷ [형태]– 모양을 벼1▼ (으)로 바꾸기 블록을 드래그하여 스크립트 영역에 놓습니다.

❸ [형태]– 크기를 100 % 로 정하기 블록을 드래그하여 스크립트 영역에 놓은 후 '100→50'으로 수정합니다.

❹ [동작]– x: 0 y: 0 로 이동하기 블록을 드래그하여 스크립트 영역에 놓은 후 '0→120, 0→-120'으로 수정합니다.

❺ [제어]– 무한 반복하기 블록을 드래그하여 스크립트 영역에 놓습니다.

❻ [제어]– 만약 (이)라면 블록을 드래그하여 스크립트 영역에 놓습니다.

❼ [연산]– ☐ = ☐ 블록을 드래그하여 스크립트 영역에 놓습니다.

❽ [형태]– 배경 이름 블록을 드래그하여 스크립트 영역에 놓습니다.

❾ '봄'을 입력합니다.

❿ [형태]– 보이기 블록을 드래그하여 스크립트 영역에 놓습니다.

⓫ [형태]– 모양을 벼1▼ (으)로 바꾸기 블록을 드래그하여 스크립트 영역에 놓습니다.

⓬ [제어]– 만약 (이)라면 블록을 드래그하여 스크립트 영역에 놓습니다.

⓭ [연산]– ☐ = ☐ 블록을 드래그하여 스크립트 영역에 놓습니다.

⓮ [형태]– 배경 이름 블록을 드래그하여 스크립트 영역에 놓습니다.

⓯ '여름'을 입력합니다.

⓰ [형태]– 보이기 블록을 드래그하여 스크립트 영역에 놓습니다.

⓱ [형태]– 모양을 벼1▼ (으)로 바꾸기 블록을 드래그하여 스크립트 영역에 놓은 후 '벼1→벼2'로 수정합니다.

09 데이터 블록

데이터 블록은 변수와 리스트를 만들 수 있는 블록으로 변경할 수 있는 값을 임시로 저장할 때 이용합니다.

블록	설명
변수 만들기	새로운 변수를 생성합니다.
점수표	생성한 변수를 나타냅니다.
점수표 ▼ 을(를) 0 로 정하기	변수의 값을 입력한 값으로 변경합니다.
점수표 ▼ 을(를) 1 만큼 바꾸기	변수의 값을 현재값에 입력한 값을 더합니다.
점수표 ▼ 변수 보이기	변수를 화면에 표시합니다.
점수표 ▼ 변수 숨기기	변수를 화면에서 숨깁니다.
리스트 만들기	새로운 리스트를 생성합니다.
성적표	생성한 리스트를 나타냅니다.
thing 항목을 성적표 ▼ 에 추가하기	리스트에 새로운 값을 추가합니다.
1 ▼ 번째 항목을 성적표 ▼ 에서 삭제하기	리스트에서 특정 위치의 항목을 삭제합니다.
thing 을(를) 1 ▼ 번째 성적표 ▼ 에 넣기	리스트의 특정 위치에 새로운 값을 추가합니다.
1 ▼ 번째 성적표 ▼ 의 항목을 thing (으)로 바꾸기	리스트의 특정 위치에 값을 변경합니다.
1 ▼ 번째 성적표 ▼ 항목	지정된 위치의 항목을 되돌립니다.
성적표 ▼ 리스트의 항목 수	지정된 위치의 항목 수를 되돌립니다.
성적표 ▼ 리스트에 thing 포함되었는가?	리스트에 지정된 값이 포함되어 있는지 판단합니다.

성적표 ▼ 리스트 보이기	리스트를 화면에 표시합니다.
성적표 ▼ 리스트 숨기기	리스트를 화면에서 숨깁니다.

9-1 변수 연습하기1

📁 [예제파일] C:₩COS₩기초₩9-1(예제).sb2

📁 [결과파일] C:₩COS₩기초₩9-1(완료).sb2

변수를 이용하여 계산 결과를 얻는 프로그램입니다.

예제 화면

결과 화면

❶ [데이터]-〈변수 만들기〉를 클릭해서 변수를 3개(X, Y, Z) 만듭니다.

❷ 다음과 같이 블록을 추가합니다.

❶ X 변수를 '5'로 지정합니다.　　　　❷ Y 변수를 '7'로 지정합니다.

❸ X 변수와 Y 변수를 곱해서 Z 변수에 저장합니다.

❹ Z 변수에 있는 값을 말합니다.

9-2　변수 연습하기2

📁 [예제파일] C:₩COS₩기초₩9-2(예제).sb2
📁 [결과파일] C:₩COS₩기초₩9-2(완료).sb2

변수를 이용하여 계산 결과를 얻는 프로그램입니다.

예제 화면

결과 화면

① [데이터]−〈변수 만들기〉를 클릭해서 변수를 3개(X, Y, Z) 만듭니다.

② 다음과 같이 블록을 추가합니다.

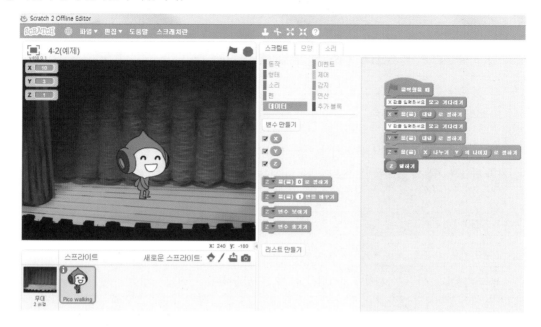

10 추가 블록

추가 블록은 사용자 정의 함수를 사용하거나 외부 기기와 연결을 할 수 있는 블록입니다. 따라서 스크래치에는 없지만 필요한 기능의 블록을 스스로 만들어서 사용할 수 있습니다.

블록	설명
블록 만들기	새로운 블록을 만듭니다.
확장 프로그램 추가	확장 프로그램을 추가할 수 있습니다.

변수

변수는 스크래치에서 임의의 값을 저장하는 곳입니다. 프로젝트를 만들다 보면 데이터값이 고정되어 있는 게 아니라 수시로 변경될 때가 있는데 이를 저장해 두는 공간입니다.

11-1 변수 종류

❶ 지역 변수 : 특정 스프라이트에서만 사용이 가능한 변수입니다.

❷ 전역 변수 : 스크래치 프로젝트에 있는 모든 스프라이트에서 사용할 수 있습니다.

멘토의 한수

변수를 만들 때는 [데이터]-〈변수 만들기〉를 클릭합니다.

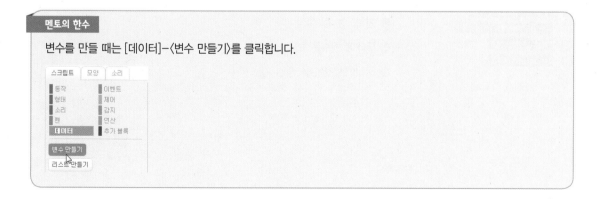

변수 관리하기

❶ 이름 변경하기 : 변수 위에서 마우스 오른쪽 단추를 클릭한 후 '변수 이름 수정하기'를 선택합니다.

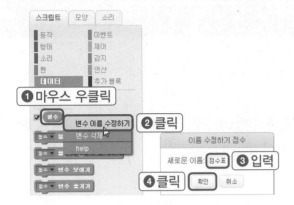

❷ 변수 삭제하기 : 변수 위에서 마우스 오른쪽 단추를 클릭한 후 '변수 삭제'를 선택합니다.

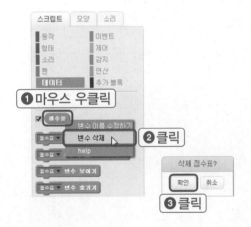

❸ 데이터 팔레트

❶ 변수명(체크를 표시하면 무대에 변수가 나타남)

❷ 변수의 초기값

❸ 변화되는 값 설정

❹ 무대에 변수를 보임

❺ 무대에서 변수를 숨김

11-3 슬라이더

변수에 값을 저장할 때는 직접 입력하는 방법과 '슬라이더'를 이용하는 방법이 있습니다. 슬라이더는 마우스로 드래그하면 값이 변경되어 편리하게 입력할 수 있습니다.

❶ 슬라이더 사용하기 : 무대 위에 있는 변수 위에서 마우스 오른쪽 단추를 클릭한 후 '슬라이더 사용하기'를 선택합니다. 편리하게 슬라이더로 변수값을 설정할 수 있습니다.

❷ 변수 범위 설정하기 : 변수를 슬라이더로 지정하면 범위를 설정할 수 있습니다. 변수 위에서 마우스 오른쪽 단추를 클릭한 후 '슬라이더의 최대값과 최소값 정하기'를 선택합니다.

12 리스트(배열)

리스트(배열)는 동일한 형태의 데이터일 경우 저장하는 방식입니다. 예를 들면 변수를 이용하여 성명을 만들 경우에는 변수 100개가 필요하여 프로그램이 매우 복잡해집니다. 이럴 경우 리스트(배열)를 이용하여 성명을 관리하면 하나만으로 다수의 데이터를 저장할 수 있습니다.

12-1 리스트 만들기

❶ 리스트를 만들 때는 [데이터]–〈리스트 만들기〉를 클릭합니다.

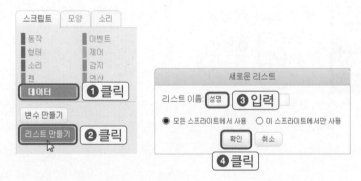

❷ 리스트에 성명을 추가하거나 순번을 지정해서 입력할 수 있습니다.

멘토의 한수

리스트에 데이터를 입력할 때 마우스 오른쪽 단추를 클릭한 후 〈가져오기〉를 클릭해도 됩니다.

성명을 변수로 만들면 다음과 같이 변수가 많이 필요합니다.

성명1	김철수
성명2	조성일
성명3	박재민
성명4	김지현
성명5	박봉수
성명6	김윤실
성명7	김장르
성명8	이도흔

성명1 ▼ 을(를) 김철수 로 정하기
성명2 ▼ 을(를) 조성일 로 정하기
성명3 ▼ 을(를) 박재윤 로 정하기
성명4 ▼ 을(를) 김지현 로 정하기
성명5 ▼ 을(를) 박봉수 로 정하기
성명6 ▼ 을(를) 김윤실 로 정하기
성명7 ▼ 을(를) 김찬혹 로 정하기
성명8 ▼ 을(를) 이도흔 로 정하기

스크래치 실전

학습목표

이번 Part에서는 스크래치의 실전 프로그래밍에 대해 알아봅니다.

01 스크래치 실전 프로그래밍

1-1 실전1

📁 [예제파일] C:₩COS₩실전₩실전1-1(예제).sb2
📁 [결과파일] C:₩COS₩실전₩실전1-1(완료).sb2

안경이 고양이에게 닿으면 잘 보이도록 합니다.

예제 화면

결과 화면

정답

▲ 안경

▲ 고양이

안경

① [이벤트]– 클릭했을 때 블록을 드래그하여 스크립트 영역에 놓습니다.

② [형태]– 맨 앞으로 순서 바꾸기 블록을 드래그하여 스크립트 영역에 놓습니다.

③ [형태]– 크기를 100 % 로 정하기 블록을 드래그하여 스크립트 영역에 놓은 후 '100→300'으로 수정합니다.

④ [제어]– 무한 반복하기 블록을 드래그하여 스크립트 영역에 놓습니다.

⑤ [동작]– 마우스 포인터 ▼ 위치로 이동하기 블록을 드래그하여 스크립트 영역에 놓습니다.

고양이

① [이벤트]– 클릭했을 때 블록을 드래그하여 스크립트 영역에 놓습니다.

② [동작]– x: 0 y: 0 로 이동하기 블록을 드래그하여 스크립트 영역에 놓습니다.

③ [제어]– 무한 반복하기 블록을 드래그하여 스크립트 영역에 놓습니다.

④ [제어]– 만약 (이)라면 아니면 블록을 드래그하여 스크립트 영역에 놓습니다.

⑤ [감지]– 마우스 포인터 ▼ 에 닿았는가? 블록을 드래그하여 스크립트 영역에 놓은 후 '마우스 포인터→안경'으로 수정합니다.

⑥ [형태]– 색깔 ▼ 효과를 0 (으)로 정하기 블록을 드래그하여 스크립트 영역에 놓은 후 '색깔→픽셀화'로 수정합니다.

⑦ [형태]– 색깔 ▼ 효과를 0 (으)로 정하기 블록을 드래그하여 스크립트 영역에 놓은 후 '색깔→픽셀화, 0→50'으로 수정합니다.

📁 [예제파일] C:₩COS₩실전₩실전1-2(예제).sb2
📁 [결과파일] C:₩COS₩실전₩실전1-2(완료).sb2

크리스마스트리 장식을 벽에 거는 프로그램입니다.

예제 화면

결과 화면

정답

▲ 종1

▲ 종2

▲ 체리

종1

❶ [이벤트]– 클릭했을 때 블록을 드래그하여 스크립트 영역에 놓습니다.

❷ [형태]– 크기를 100 % 로 정하기 블록을 드래그하여 스크립트 영역에 놓은 후 '100→30'으로 수정합니다.

③ [동작]- x: 0 y: 0 로 이동하기 블록을 드래그하여 스크립트 영역에 놓은 후 '0→-180, 0→100'으로 수정합니다.

④ [제어]- 10 번 반복하기 블록을 드래그하여 스크립트 영역에 놓은 후 '10→9'로 수정합니다.

⑤ [제어]- 나 자신 ▼ 복제하기 블록을 드래그하여 스크립트 영역에 놓은 후 '나 자신→종1'로 수정합니다.

종2

① [이벤트]- 클릭했을 때 블록을 드래그하여 스크립트 영역에 놓습니다.

② [형태]- 크기를 100 % 로 정하기 블록을 드래그하여 스크립트 영역에 놓은 후 '100→30'으로 수정합니다.

③ [동작]- x: 0 y: 0 로 이동하기 블록을 드래그하여 스크립트 영역에 놓은 후 '0→-185, 0→80'으로 수정합니다.

④ [제어]- 10 번 반복하기 블록을 드래그하여 스크립트 영역에 놓은 후 '10→9'로 수정합니다.

⑤ [제어]- 나 자신 ▼ 복제하기 블록을 드래그하여 스크립트 영역에 놓은 후 '나 자신→종2'로 수정합니다.

체리

① [이벤트]- 클릭했을 때 블록을 드래그하여 스크립트 영역에 놓습니다.

② [형태]- 크기를 100 % 로 정하기 블록을 드래그하여 스크립트 영역에 놓은 후 '100→50'으로 수정합니다.

③ [동작]- x: 0 y: 0 로 이동하기 블록을 드래그하여 스크립트 영역에 놓은 후 '0→-185, 0→50'으로 수정합니다.

④ [제어]- 10 번 반복하기 블록을 드래그하여 스크립트 영역에 놓은 후 '10→9'로 수정합니다.

⑤ [제어]- 나 자신 ▼ 복제하기 블록을 드래그하여 스크립트 영역에 놓은 후 '나 자신→체리'로 수정합니다.

실전3

📁 [예제파일] C:₩COS₩실전₩실전1-3(예제).sb2
📁 [결과파일] C:₩COS₩실전₩실전1-3(완료).sb2

셔틀콕을 팅기는 프로그램입니다.

예제 화면

결과 화면

정답

```
클릭했을 때
x: 90 y: 240 로 이동하기
1 초 동안 x: 90 y: 0 으로 움직이기
90 도 방향 보기
```

```
스페이스 키를 눌렀을 때
만약 사람 에 닿았는가? (이)라면
    -90 도 방향 보기
    0.5 초 동안 x: 90 y: 240 으로 움직이기
    숨기기
    1 초 기다리기
    보이기
    90 도 방향 보기
    0.5 초 동안 x: 90 y: 0 으로 움직이기
```

```
클릭했을 때
x: 0 y: -90 로 이동하기
크기를 100 % 로 정하기
```

▲ 셔틀콕   ▲ 사람

셔틀콕1

❶ [이벤트]– 클릭했을 때 블록을 드래그하여 스크립트 영역에 놓습니다.

❷ [동작]– x: 0 y: 0 로 이동하기 블록을 드래그하여 스크립트 영역에 놓은 후 '0→90, 0→240'으로 수정합니다.

❸ [동작]– 1 초 동안 x: 0 y: 0 으로 움직이기 블록을 드래그하여 스크립트 영역에 놓은 후 '0→90'으로 수정합니다.

❹ [동작]– 90 도 방향 보기 블록을 드래그하여 스크립트 영역에 놓습니다.

셔틀콕2

❶ [이벤트]– 스페이스 키를 눌렀을 때 블록을 드래그하여 스크립트 영역에 놓습니다.

❷ [제어]– 만약 (이)라면 블록을 드래그하여 스크립트 영역에 놓습니다.

❸ [감지]– 마우스 포인터 에 닿았는가? 블록을 드래그하여 스크립트 영역에 놓은 후 '마우스 포인터→사람'으로 수정합니다.

❹ [동작]– 90 도 방향 보기 블록을 드래그하여 스크립트 영역에 놓은 후 '90→-90'으로 수정합니다.

❺ [동작]– 1 초 동안 x: 0 y: 0 으로 움직이기 블록을 드래그하여 스크립트 영역에 놓은 후 '1→0.5, 0→90, 0→240'으로 수정합니다.

❻ [형태]– 숨기기 블록을 드래그하여 스크립트 영역에 놓습니다.

❼ [제어]– 1 초 기다리기 블록을 드래그하여 스크립트 영역에 놓습니다.

❽ [형태]– 보이기 블록을 드래그하여 스크립트 영역에 놓습니다.

❾ [동작]– 90 도 방향 보기 블록을 드래그하여 스크립트 영역에 놓습니다.

⑩ [동작]– 1 초 동안 x: 0 y: 0 으로 움직이기 블록을 드래그하여 스크립트 영역에 놓은 후 '1→0.5, 0→90'으로 수정합니다.

사람

❶ [이벤트]– 클릭했을 때 블록을 드래그하여 스크립트 영역에 놓습니다.

❷ [동작]– x: 0 y: 0 로 이동하기 블록을 드래그하여 스크립트 영역에 놓은 후 '0→-90'으로 수정합니다.

❸ [형태]– 크기를 100 % 로 정하기 블록을 드래그하여 스크립트 영역에 놓습니다.

1-4 실전4

📁 [예제파일] C:₩COS₩실전₩실전1-4(예제).sb2
📁 [결과파일] C:₩COS₩실전₩실전1-4(완료).sb2

늑대가 입바람을 불면 지푸라기집이 무너지는 프로그램입니다.

예제 화면

결과 화면

정답

클릭했을 때
모양을 온전한집 ▼ (으)로 바꾸기

입바람 ▼ 을(를) 받았을 때
1 초 기다리기
모양을 흔들리는집 ▼ (으)로 바꾸기
1 초 기다리기
모양을 무너진집 ▼ (으)로 바꾸기

▲ 집

클릭했을 때
x: 56 y: 42 로 이동하기
크기를 100 % 로 정하기
모양을 늑대 ▼ (으)로 바꾸기
1 초 기다리기
모양을 숨참기 ▼ (으)로 바꾸기

스페이스 ▼ 키를 눌렀을 때
모양을 숨쉬기 ▼ (으)로 바꾸기
입바람 ▼ 방송하기

▲ 늑대

집

① [이벤트]– 클릭했을 때 블록을 드래그하여 스크립트 영역에 놓습니다.

② [형태]– 모양을 무너진집 ▼ (으)로 바꾸기 블록을 드래그하여 스크립트 영역에 놓은 후 '무너진집→온전한집'으로 수정합니다.

③ [이벤트]– 입바람 ▼ 을(를) 받았을 때 블록을 드래그하여 스크립트 영역에 놓습니다.

④ [제어]– 1 초 기다리기 블록을 드래그하여 스크립트 영역에 놓습니다.

⑤ [형태]– 모양을 무너진집 ▼ (으)로 바꾸기 블록을 드래그하여 스크립트 영역에 놓은 후 '무너진집→흔들리는집'으로 수정합니다.

⑥ [제어]– 1 초 기다리기 블록을 드래그하여 스크립트 영역에 놓습니다.

⑦ [형태]– 모양을 무너진집 ▼ (으)로 바꾸기 블록을 드래그하여 스크립트 영역에 놓습니다.

늑대

① [이벤트]– 클릭했을 때 블록을 드래그하여 스크립트 영역에 놓습니다.

② [동작]– x: 0 y: 0 로 이동하기 블록을 드래그하여 스크립트 영역에 놓은 후 '0→56, 0→42'로 수정합니다.

③ [형태]─ 크기를 100 % 로 정하기 블록을 드래그하여 스크립트 영역에 놓습니다.

④ [형태]─ 모양을 숨쉬기 ▼ (으)로 바꾸기 블록을 드래그하여 스크립트 영역에 놓은 후 '숨쉬기→늑대'로 수
정합니다.

⑤ [제어]─ 1 초 기다리기 블록을 드래그하여 스크립트 영역에 놓습니다.

⑥ [형태]─ 모양을 숨쉬기 ▼ (으)로 바꾸기 블록을 드래그하여 스크립트 영역에 놓은 후 '숨쉬기→숨참기'로
수정합니다.

⑦ [이벤트]─ 스페이스 ▼ 키를 눌렀을 때 블록을 드래그하여 스크립트 영역에 놓습니다.

⑧ [형태]─ 모양을 숨쉬기 ▼ (으)로 바꾸기 블록을 드래그하여 스크립트 영역에 놓습니다.

⑨ [이벤트]─ 입바람 ▼ 방송하기 블록을 드래그하여 스크립트 영역에 놓습니다.

1-5 실전5

[예제파일] C:₩COS₩실전₩실전1-5(예제).sb2
[결과파일] C:₩COS₩실전₩실전1-5(완료).sb2

잠수부가 수영을 하는 프로그램입니다.

예제 화면

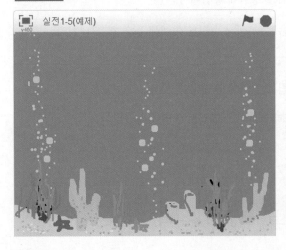

결과 화면

정답

❶ [이벤트]– 클릭했을 때 블록을 드래그하여 스크립트 영역에 놓습니다.

❷ [형태]– 보이기 블록을 드래그하여 스크립트 영역에 놓습니다.

❸ [동작]– x: 0 y: 0 로 이동하기 블록을 드래그하여 스크립트 영역에 놓습니다.

❹ [제어]– 까지 반복하기 블록을 드래그하여 스크립트 영역에 놓습니다.

❺ [연산]– ◯ = ◯ 블록을 드래그하여 스크립트 영역에 놓습니다.

❻ [동작]– y좌표 블록을 드래그하여 스크립트 영역에 놓습니다.

❼ '–150'을 입력합니다.

❽ [제어]– 까지 반복하기 블록을 드래그하여 스크립트 영역에 놓습니다.

❾ [감지]– 스페이스 ▼ 키를 눌렀는가? 블록을 드래그하여 스크립트 영역에 놓습니다.

❿ [동작]– y좌표를 10 만큼 바꾸기 블록을 드래그하여 스크립트 영역에 놓은 후 '10→–1'로 수정합니다.

⓫ [제어]– 만약 (이)라면 블록을 드래그하여 스크립트 영역에 놓습니다.

⓬ [연산]– ◯ = ◯ 블록을 드래그하여 스크립트 영역에 놓습니다.

⑬ [동작]– y좌표 블록을 드래그하여 스크립트 영역에 놓습니다.

⑭ '–150'을 입력합니다.

⑮ [형태]– 숨기기 블록을 드래그하여 스크립트 영역에 놓습니다.

⑯ [제어]– 모두 ▼ 멈추기 블록을 드래그하여 스크립트 영역에 놓습니다.

❶ [이벤트]– 스페이스 ▼ 키를 눌렀을 때 블록을 드래그하여 스크립트 영역에 놓습니다.

❷ [동작]– y좌표를 10 만큼 바꾸기 블록을 드래그하여 스크립트 영역에 놓은 후 '10→1'로 수정합니다.

1-6 실전6

📁 [예제파일] C:₩COS₩실전₩실전1-6(예제).sb2
📁 [결과파일] C:₩COS₩실전₩실전1-6(완료).sb2

고양이가 축구공을 차는 프로그램입니다.

예제 화면

결과 화면

정답

▲ 고양이

▲ 축구공

고양이1

❶ [이벤트]– [클릭했을 때] 블록을 드래그하여 스크립트 영역에 놓습니다.

❷ [형태]– [맨 앞으로 순서 바꾸기] 블록을 드래그하여 스크립트 영역에 놓습니다.

❸ [형태]– [크기를 100 % 로 정하기] 블록을 드래그하여 스크립트 영역에 놓습니다.

❹ [형태]– [모양을 고양이4 (으)로 바꾸기] 블록을 드래그하여 스크립트 영역에 놓은 후 '고양이4→고양이2'로 수정합니다.

❺ [동작]– [90 도 방향 보기] 블록을 드래그하여 스크립트 영역에 놓습니다.

⑥ [동작]- **x: ⓪ y: ⓪ 로 이동하기** 블록을 드래그하여 스크립트 영역에 놓은 후 '0→-190, 0→-55'로 수정합니다.

고양이2

❶ [이벤트]- **숫▼ 을(를) 받았을 때** 블록을 드래그하여 스크립트 영역에 놓습니다.

❷ [동작]- **① 초 동안 x: ⓪ y: ⓪ 으로 움직이기** 블록을 드래그하여 스크립트 영역에 놓은 후 '0→-110, 0→-55'로 수정합니다.

❸ [형태]- **모양을 고양이4 ▼ (으)로 바꾸기** 블록을 드래그하여 스크립트 영역에 놓은 후 '고양이4→고양이1'로 수정합니다.

축구공1

❶ [이벤트]- **클릭했을 때** 블록을 드래그하여 스크립트 영역에 놓습니다.

❷ [동작]- **x: ⓪ y: ⓪ 로 이동하기** 블록을 드래그하여 스크립트 영역에 놓은 후 '0→-75, 0→-125'로 수정합니다.

❸ [형태]- **크기를 100 % 로 정하기** 블록을 드래그하여 스크립트 영역에 놓은 후 '100→80'으로 수정합니다.

❹ [제어]- **무한 반복하기** 블록을 드래그하여 스크립트 영역에 놓습니다.

❺ [추가 블록]- **슈팅** 블록을 드래그하여 스크립트 영역에 놓습니다.

축구공2

① [제어]— 만약 ⬡ (이)라면 블록을 드래그하여 스크립트 영역에 놓습니다.

② [감지]— 마우스 포인터 ▼ 에 닿았는가? 블록을 드래그하여 스크립트 영역에 놓은 후 '마우스 포인터→고양이'로 수정합니다.

③ [제어]— 까지 반복하기 블록을 드래그하여 스크립트 영역에 놓습니다.

④ [연산]— ▢ = ▢ 블록을 드래그하여 스크립트 영역에 놓습니다.

⑤ [동작]— x좌표 블록을 드래그하여 스크립트 영역에 놓습니다.

⑥ '175'를 입력합니다.

⑦ [동작]— ↻ 15 도 돌기 블록을 드래그하여 스크립트 영역에 놓은 후 '15→20'으로 수정합니다.

축구공3

① [이벤트]— 이 스프라이트가 클릭될 때 블록을 드래그하여 스크립트 영역에 놓습니다.

② [이벤트]— 숫 ▼ 방송하고 기다리기 블록을 드래그하여 스크립트 영역에 놓습니다.

③ [동작]— 1 초 동안 x: 0 y: 0 으로 움직이기 블록을 드래그하여 스크립트 영역에 놓은 후 '0→175, 0→−75'로 수정합니다.

1-7 실전7

📁 [예제파일] C:\COS\실전\실전1-7(예제).sb2

📁 [결과파일] C:\COS\실전\실전1-7(완료).sb2

1부터 9까지 숫자가 순서대로 바뀌는 프로그램입니다.

예제 화면

결과 화면

정답

❶ [이벤트]– 클릭했을 때 블록을 드래그하여 스크립트 영역에 놓습니다.

❷ [동작]– x: 0 y: 0 로 이동하기 블록을 드래그하여 스크립트 영역에 놓습니다.

❸ [형태]– 크기를 100 % 로 정하기 블록을 드래그하여 스크립트 영역에 놓은 후 '100→200'으로 수정합니다.

❹ [추가 블록]– 선택 블록을 드래그하여 스크립트 영역에 놓습니다.

⑤ [형태]– 크기를 100 % 로 정하기 블록을 드래그하여 스크립트 영역에 놓은 후 '100→300'으로 수정합니다.

⑥ [형태]– 색깔 ▼ 효과를 0 (으)로 정하기 블록을 드래그하여 스크립트 영역에 놓은 후 '0→125'로 수정합니다.

❶ [제어]– 까지 반복하기 블록을 드래그하여 스크립트 영역에 놓습니다.

❷ [감지]– 스페이스 ▼ 키를 눌렀는가? 블록을 드래그하여 스크립트 영역에 놓습니다.

❸ [형태]– 다음 모양으로 바꾸기 블록을 드래그하여 스크립트 영역에 놓습니다.

❹ [소리]– pop ▼ 끝까지 재생하기 블록을 드래그하여 스크립트 영역에 놓습니다.

1-8 실전8

📂 [예제파일] C:₩COS₩실전₩실전1-8(예제).sb2
📂 [결과파일] C:₩COS₩실전₩실전1-8(완료).sb2

계절에 따라 벼의 모습이 바뀌는 프로그램입니다.

예제 화면

결과 화면

❶ [이벤트]– 클릭했을 때 블록을 드래그하여 스크립트 영역에 놓습니다.

❷ [형태]– 모양을 벼3 ▼ (으)로 바꾸기 블록을 드래그하여 스크립트 영역에 놓은 후 '벼3→벼1'로 수정합니다.

❸ [형태]– 크기를 100 % 로 정하기 블록을 드래그하여 스크립트 영역에 놓은 후 '100→50'으로 수정합니다.

❹ [동작]– x: 0 y: 0 로 이동하기 블록을 드래그하여 스크립트 영역에 놓은 후 '0→120, 0→-120'으로 수정합니다.

❺ [제어]– 무한 반복하기 블록을 드래그하여 스크립트 영역에 놓습니다.

❻ [제어]– 만약 (이)라면 블록을 드래그하여 스크립트 영역에 놓습니다.

⑦ [연산]– ⬚ = ⬚ 블록을 드래그하여 스크립트 영역에 놓습니다.

⑧ [형태]– 배경 이름 블록을 드래그하여 스크립트 영역에 놓습니다.

⑨ '봄'을 입력합니다.

⑩ [형태]– 보이기 블록을 드래그하여 스크립트 영역에 놓습니다.

⑪ [형태]– 모양을 벼3 ▼ (으)로 바꾸기 블록을 드래그하여 스크립트 영역에 놓은 후 '벼3→벼1'로 수정합니다.

⑫ 동일한 방법으로 ⑥~⑪까지 수행합니다(벼2, 벼3, 여름, 가을로 수정).

1-9 실전9

📂 [예제파일] C:₩COS₩실전₩실전1-9(예제).sb2
📂 [결과파일] C:₩COS₩실전₩실전1-9(완료).sb2

선의 굵기를 조절하고 연필로 그림을 그리는 프로그램입니다.

정답

```
클릭했을 때
초기화
무한 반복하기
    펜 굵기를 [ 굵기 ] (으)로 정하기
    마우스 포인터 ▼ 위치로 이동하기
```

```
정의하기  초기화
지우기
1 초 기다리기
굵기 ▼ 을(를) 5 로 정하기
펜 올리기
x: 0 y: 0 로 이동하기
펜 굵기를 1 (으)로 정하기
펜 내리기
```

```
왼쪽 화살표 ▼ 키를 눌렀을 때
굵기 ▼ 을(를) -1 만큼 바꾸기
```

```
오른쪽 화살표 ▼ 키를 눌렀을 때
굵기 ▼ 을(를) 1 만큼 바꾸기
```

연필1

❶ [이벤트]– 클릭했을 때 블록을 드래그하여 스크립트 영역에 놓습니다.

❷ [추가 블록]– 초기화 블록을 드래그하여 스크립트 영역에 놓습니다.

❸ [제어]– 무한 반복하기 블록을 드래그하여 스크립트 영역에 놓습니다.

❹ [펜]– 펜 굵기를 1 (으)로 정하기 블록을 드래그하여 스크립트 영역에 놓습니다.

❺ [데이터]– 굵기 블록을 드래그하여 스크립트 영역에 놓습니다.

❻ [동작]– 마우스 포인터 ▼ 위치로 이동하기 블록을 드래그하여 스크립트 영역에 놓습니다.

연필2

① [이벤트]- `스페이스 ▼ 키를 눌렀을 때` 블록을 드래그하여 스크립트 영역에 놓은 후 '스페이스→왼쪽 화살표'로 수정합니다.

② [데이터]- `굵기 ▼ 을(를) 1 만큼 바꾸기` 블록을 드래그하여 스크립트 영역에 놓은 후 '스페이스→-1'로 수정합니다.

연필3

① [이벤트]- `스페이스 ▼ 키를 눌렀을 때` 블록을 드래그하여 스크립트 영역에 놓은 후 '스페이스→오른쪽 화살표'로 수정합니다.

② [데이터]- `굵기 ▼ 을(를) 1 만큼 바꾸기` 블록을 드래그하여 스크립트 영역에 놓습니다.

연필4

① [펜]- `지우기` 블록을 드래그하여 스크립트 영역에 놓습니다.

② [제어]- `1 초 기다리기` 블록을 드래그하여 스크립트 영역에 놓습니다.

③ [데이터]- `굵기 ▼ 을(를) 0 로 정하기` 블록을 드래그하여 스크립트 영역에 놓은 후 '0→5'로 수정합니다.

④ [펜]- `펜 올리기` 블록을 드래그하여 스크립트 영역에 놓습니다.

⑤ [동작]- `x: 0 y: 0 로 이동하기` 블록을 드래그하여 스크립트 영역에 놓습니다.

⑥ [펜]- `펜 굵기를 1 (으)로 정하기` 블록을 드래그하여 스크립트 영역에 놓습니다.

⑦ [펜]- `펜 내리기` 블록을 드래그하여 스크립트 영역에 놓습니다.

📁 [예제파일] C:₩COS₩실전₩실전1-10(예제).sb2
📁 [결과파일] C:₩COS₩실전₩실전1-10(완료).sb2

참새가 허수아비를 피해 날아다니는 프로그램입니다.

예제 화면

결과 화면

정답

참새1

❶ [이벤트]- 클릭했을 때 블록을 드래그하여 스크립트 영역에 놓습니다.

❷ [형태]- 보이기 블록을 드래그하여 스크립트 영역에 놓습니다.

❸ [동작]- x: 0 y: 0 로 이동하기 블록을 드래그하여 스크립트 영역에 놓은 후 '0→-220, 0→180'으로 수정합니다.

❹ [형태]- 크기를 100 % 로 정하기 블록을 드래그하여 스크립트 영역에 놓은 후 '100→30'으로 수정합니다.

❺ [제어]- 무한 반복하기 블록을 드래그하여 스크립트 영역에 놓습니다.

❻ [추가 블록]- 동작 블록을 드래그하여 스크립트 영역에 놓습니다.

❼ [동작]- 벽에 닿으면 튕기기 블록을 드래그하여 스크립트 영역에 놓습니다.

참새2

❶ [동작]- 10 만큼 움직이기 블록을 드래그하여 스크립트 영역에 놓습니다.

❷ [연산]- 1 부터 10 사이의 난수 블록을 드래그하여 스크립트 영역에 놓습니다.

❸ [데이터]- 방향 을(를) 0 로 정하기 블록을 드래그하여 스크립트 영역에 놓습니다.

❹ [연산]- 1 부터 10 사이의 난수 블록을 드래그하여 스크립트 영역에 놓은 후 '10→2'로 수정합니다.

❺ [제어]- 만약 (이)라면 아니면 블록을 드래그하여 스크립트 영역에 놓습니다.

❻ [연산]- ☐ = ☐ 블록을 드래그하여 스크립트 영역에 놓습니다.

❼ [데이터]- 방향 블록을 드래그하여 스크립트 영역에 놓습니다.

❽ '1'을 입력합니다.

⑨ [동작]– <kbd>↻ 15 도 돌기</kbd> 블록을 드래그하여 스크립트 영역에 놓습니다.

⑩ [연산]– <kbd>1 부터 10 사이의 난수</kbd> 블록을 드래그하여 스크립트 영역에 놓습니다.

⑪ [동작]– <kbd>↺ 15 도 돌기</kbd> 블록을 드래그하여 스크립트 영역에 놓습니다.

⑫ [연산]– <kbd>1 부터 10 사이의 난수</kbd> 블록을 드래그하여 스크립트 영역에 놓습니다.

참새3

❶ [이벤트]– <kbd>⚑ 클릭했을 때</kbd> 블록을 드래그하여 스크립트 영역에 놓습니다.

❷ [제어]– <kbd>까지 반복하기</kbd> 블록을 드래그하여 스크립트 영역에 놓습니다.

❸ [감지]– <kbd>마우스 포인터 ▼ 에 닿았는가?</kbd> 블록을 드래그하여 스크립트 영역에 놓은 후 '마우스 포인터→허수아비'로 수정합니다.

❹ [형태]– <kbd>모양을 참새2 ▼ (으)로 바꾸기</kbd> 블록을 드래그하여 스크립트 영역에 놓습니다.

❺ [제어]– <kbd>1 초 기다리기</kbd> 블록을 드래그하여 스크립트 영역에 놓은 후 '1→0.3'으로 수정합니다.

❻ [형태]– <kbd>모양을 참새2 ▼ (으)로 바꾸기</kbd> 블록을 드래그하여 스크립트 영역에 놓은 후 '참새2→참새1'로 수정합니다.

❼ [제어]– <kbd>1 초 기다리기</kbd> 블록을 드래그하여 스크립트 영역에 놓은 후 '1→0.3'으로 수정합니다.

❽ [소리]– <kbd>bird ▼ 재생하기</kbd> 블록을 드래그하여 스크립트 영역에 놓습니다.

❾ [형태]– <kbd>숨기기</kbd> 블록을 드래그하여 스크립트 영역에 놓습니다.

1-11 실전11

📁 [예제파일] C:₩COS₩실전₩실전1-11(예제).sb2
📁 [결과파일] C:₩COS₩실전₩실전1-11(완료).sb2

배경이 자동으로 변경됩니다.

예제 화면

결과 화면

정답

❶ [이벤트]- 클릭했을 때 블록을 드래그하여 스크립트 영역에 놓습니다.

❷ [형태]- 배경을 stage2 (으)로 바꾸기 블록을 드래그하여 스크립트 영역에 놓습니다.

❸ [제어]- 1 초 기다리기 블록을 드래그하여 스크립트 영역에 놓습니다.

❹ [형태]- 배경을 stage2 (으)로 바꾸기 블록을 드래그하여 스크립트 영역에 놓은 후 'stage2→
stage1'로 수정합니다.

1-12 실전12

[예제파일] C:₩COS₩실전₩실전1-12(예제).sb2

[결과파일] C:₩COS₩실전₩실전1-12(완료).sb2

펭귄을 클릭하면 메시지가 나타납니다.

예제 화면

결과 화면

정답

```
이 스프라이트가 클릭될 때
내용 ▼ 을(를) 1 부터 3 사이의 난수 로 정하기
만약  내용 = 1  (이)라면
    안녕하세요? 을(를) 2 초동안 말하기
만약  내용 = 2  (이)라면
    스크래치를 강의할 예정입니다. 을(를) 2 초동안 말하기
만약  내용 = 3  (이)라면
    COS 합격하세요^^ 을(를) 2 초동안 말하기
```

❶ [데이터]-〈변수 만들기〉를 클릭합니다.

❷ '변수 이름 : 내용'을 입력한 후 〈확인〉을 클릭합니다.

❸ [이벤트]– 이 스프라이트가 클릭될 때 블록을 드래그하여 스크립트 영역에 놓습니다.

❹ [데이터]– 내용 ▼ 을(를) 0 로 정하기 블록을 드래그하여 스크립트 영역에 놓습니다.

❺ [연산]– 1 부터 10 사이의 난수 블록을 드래그하여 스크립트 영역에 놓습니다.

❻ 다음과 같이 설정합니다.

> 이 스프라이트가 클릭될 때
> 내용 ▼ 을(를) 1 부터 3 사이의 난수 로 정하기

❼ [제어]– 만약 (이)라면 블록을 드래그하여 스크립트 영역에 놓습니다.

❽ [연산]– ☐ = ☐ 블록을 드래그하여 스크립트 영역에 놓습니다.

❾ 다음과 같이 설정합니다.

> 이 스프라이트가 클릭될 때
> 내용 ▼ 을(를) 1 부터 3 사이의 난수 로 정하기
> 만약 내용 = 1 (이)라면

❿ [형태]– Hello! 을(를) 2 초동안 말하기 블록을 드래그하여 스크립트 영역에 놓습니다.

⓫ 다음과 같이 설정합니다.

> 이 스프라이트가 클릭될 때
> 내용 ▼ 을(를) 1 부터 3 사이의 난수 로 정하기
> 만약 내용 = 1 (이)라면
> 안녕하세요? 을(를) 2 초동안 말하기

⑫ 동일한 방법으로 다음과 같이 설정합니다.

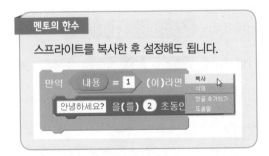

이 스프라이트가 클릭될 때

내용 ▼ 을(를) **1** 부터 **3** 사이의 난수 로 정하기

만약 내용 = **1** (이)라면

　안녕하세요? 을(를) **2** 초동안 말하기

만약 내용 = **2** (이)라면

　스크래치를 강의할 예정입니다. 을(를) **2** 초동안 말하기

만약 내용 = **3** (이)라면

　COS 합격하세요^^ 을(를) **2** 초동안 말하기

멘토의 한수

스프라이트를 복사한 후 설정해도 됩니다.

만약 내용 = **1** (이)라면

　안녕하세요? 을(를) **2** 초동안

복사
삭제
댓글 추가하기
도움말

1-13 실전13

📁 [예제파일] C:₩COS₩실전₩실전1-13(예제).sb2
📁 [결과파일] C:₩COS₩실전₩실전1-13(완료).sb2

비트박스를 연주하는 프로그램입니다.

예제 화면

결과 화면

정답

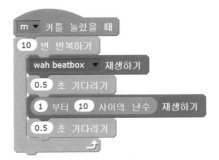

❶ [이벤트]– 스페이스 키를 눌렀을 때 블록을 드래그하여 스크립트 영역에 놓은 후 '스페이스→m'으로 수정합니다.

❷ [제어]– 10 번 반복하기 블록을 드래그하여 스크립트 영역에 놓은 후 '10→4'로 수정합니다.

❸ [소리]– wah beatbox 재생하기 블록을 드래그하여 스크립트 영역에 놓습니다.

❹ [제어]– 1 초 기다리기 블록을 드래그하여 스크립트 영역에 놓은 후 '1→0.5'로 수정합니다.

❺ [소리]– wah beatbox 재생하기 블록을 드래그하여 스크립트 영역에 놓습니다.

❻ [연산]– 1 부터 10 사이의 난수 블록을 드래그하여 스크립트 영역에 놓습니다.

❼ [제어]– 1 초 기다리기 블록을 드래그하여 스크립트 영역에 놓은 후 '1→0.5'로 수정합니다.

📁 [예제파일] C:₩COS₩실전₩실전1-14(예제).sb2
📁 [결과파일] C:₩COS₩실전₩실전1-14(완료).sb2

그림자로 만드는 프로그램입니다.

예제 화면

결과 화면

정답

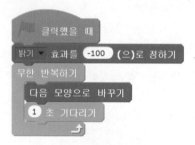

❶ [이벤트]– `클릭했을 때` 블록을 드래그하여 스크립트 영역에 놓습니다.

❷ [형태]– `색깔 ▼ 효과를 0 (으)로 정하기` 블록을 드래그하여 스크립트 영역에 놓은 후 '색깔→밝기, 0→-100'으로 수정합니다.

❸ [제어]– `무한 반복하기` 블록을 드래그하여 스크립트 영역에 놓습니다.

❹ [형태]– `다음 모양으로 바꾸기` 블록을 드래그하여 스크립트 영역에 놓습니다.

❺ [제어]– `1 초 기다리기` 블록을 드래그하여 스크립트 영역에 놓습니다.

1-15 실전15

📁 [예제파일] C:₩COS₩실전₩실전1-15(예제).sb2
📁 [결과파일] C:₩COS₩실전₩실전1-15(완료).sb2

소리를 녹음하는 프로그램입니다.

예제 화면

결과 화면

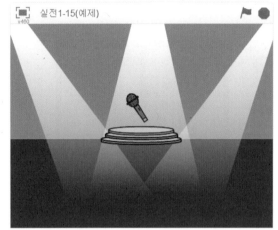

정답

❶ [이벤트]– 스페이스 ▼ 키를 눌렀을 때 블록을 드래그하여 스크립트 영역에 놓은 후 '스페이스→r'로 수정합니다.

❷ [소리]– wah beatbox ▼ 재생하기 블록을 드래그하여 스크립트 영역에 놓은 후 'war beatbox→녹음'으로 수정합니다.

❸ '녹음'을 클릭한 후 원하는 말을 녹음합니다.

❹ 'war beatbox→녹음1'로 수정합니다.

1-16 실전16

[예제파일] C:₩COS₩실전₩실전1-16(예제).sb2
[결과파일] C:₩COS₩실전₩실전1-16(완료).sb2

창문의 먼지를 제거하는 프로그램입니다.

예제 화면

결과 화면

정답

```
클릭했을 때
보이기
크기를 10 % 로 정하기
x: -150 부터 160 사이의 난수  y: 0 부터 160 사이의 난수  로 이동하기

복제되었을 때
보이기
크기를 10 % 로 정하기
x: -150 부터 160 사이의 난수  y: 0 부터 160 사이의 난수  로 이동하기

이 스프라이트가 클릭될 때
숨기기
0.5 초 기다리기
먼지 ▼ 복제하기
```

먼지1

❶ [이벤트]– [클릭했을 때] 블록을 드래그하여 스크립트 영역에 놓습니다.

❷ [형태]– [보이기] 블록을 드래그하여 스크립트 영역에 놓습니다.

❸ [형태]– [크기를 100 % 로 정하기] 블록을 드래그하여 스크립트 영역에 놓은 후 '100→10'으로 수정합니다.

❹ [동작]– [x: 0 y: 0 로 이동하기] 블록을 드래그하여 스크립트 영역에 놓습니다.

❺ [연산]– [1 부터 10 사이의 난수] 블록을 드래그하여 스크립트 영역에 놓은 후 '1→-150, 10→160'으로 수정합니다.

❻ [연산]– [1 부터 10 사이의 난수] 블록을 드래그하여 스크립트 영역에 놓은 후 '1→0, 10→160'으로 수정합니다.

먼지2

❶ [제어]– [복제되었을 때] 블록을 드래그하여 스크립트 영역에 놓습니다.

❷ [형태]– [보이기] 블록을 드래그하여 스크립트 영역에 놓습니다.

❸ [형태]– [크기를 100 % 로 정하기] 블록을 드래그하여 스크립트 영역에 놓은 후 '100→10'으로 수정합니다.

❹ [동작]– [x: 0 y: 0 로 이동하기] 블록을 드래그하여 스크립트 영역에 놓습니다.

❺ [연산]– [1 부터 10 사이의 난수] 블록을 드래그하여 스크립트 영역에 놓은 후 '1→-150, 10→160'으로 수정합니다.

❻ [연산]– [1 부터 10 사이의 난수] 블록을 드래그하여 스크립트 영역에 놓은 후 '1→0, 10→160'으로 수정합니다.

먼지3

❶ [이벤트]– 블록을 드래그하여 스크립트 영역에 놓습니다.

❷ [형태]– 숨기기 블록을 드래그하여 스크립트 영역에 놓습니다.

❸ [제어]– 1 초 기다리기 블록을 드래그하여 스크립트 영역에 놓은 후 '1→0.5'로 수정합니다.

❹ [제어]– 나 자신 ▼ 복제하기 블록을 드래그하여 스크립트 영역에 놓은 후 '나 자신→먼지'로 수정합니다.

1–17 실전17

📁 [예제파일] C:\COS\실전\실전1–17(예제).sb2
📁 [결과파일] C:\COS\실전\실전1–17(완료).sb2

연필의 색깔을 변경하며 그리는 프로그램입니다.

예제 화면

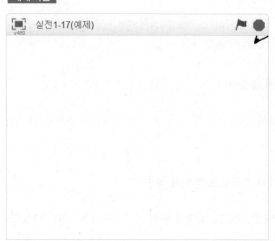

결과 화면

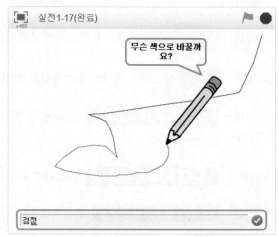

정답

연필1

① [이벤트]– 클릭했을 때 블록을 드래그하여 스크립트 영역에 놓습니다.

② [펜]– 지우기 블록을 드래그하여 스크립트 영역에 놓습니다.

③ [펜]– 펜 내리기 블록을 드래그하여 스크립트 영역에 놓습니다.

④ [제어]– 무한 반복하기 블록을 드래그하여 스크립트 영역에 놓습니다.

⑤ [동작]– 마우스 포인터 위치로 이동하기 블록을 드래그하여 스크립트 영역에 놓습니다.

연필2

① [이벤트]– 스페이스 키를 눌렀을 때 블록을 드래그하여 스크립트 영역에 놓습니다.

② [감지]– What's your name? 묻고 기다리기 블록을 드래그하여 스크립트 영역에 놓은 후 'What's your name?→ 무슨 색으로 바꿀까요?'로 수정합니다.

③ [추가 블록]– 색변경 블록을 드래그하여 스크립트 영역에 놓습니다.

④ [감지]– 대답 블록을 드래그하여 스크립트 영역에 놓습니다.

연필3

❶ [제어]– 만약 (이)라면 블록을 드래그하여 스크립트 영역에 놓습니다.

❷ [연산]– = 블록을 드래그하여 스크립트 영역에 놓습니다.

❸ 색깔 블록을 드래그하여 스크립트 영역에 놓습니다.

❹ '빨강'을 입력합니다.

❺ [펜]– 펜 색깔을 0 (으)로 정하기 블록을 드래그하여 스크립트 영역에 놓습니다.

❻ '빨강'으로 설정합니다.

❼ 동일한 방법(①~⑥)으로 설정합니다(파랑, 검정).

1-18 실전18

📁 [예제파일] C:₩COS₩실전₩실전1-18(예제).sb2
📁 [결과파일] C:₩COS₩실전₩실전1-18(완료).sb2

버스에 탄 승객의 요금을 계산하는 프로그램입니다.

예제 화면

결과 화면

정답

```
클릭했을 때
요금 ▼ 을(를) 0 로 정하기
모두 ▼ 번째 항목을 승객 ▼ 에서 삭제하기
10 번 반복하기
    대상 ▼ 을(를) 1 부터 3 사이의 난수 로 정하기
    만약  대상 = 1  (이)라면
        어린이 항목을 승객 ▼ 에 추가하기
        요금 ▼ 을(를) 500 만큼 바꾸기

    만약  대상 = 2  (이)라면
        청소년 항목을 승객 ▼ 에 추가하기
        요금 ▼ 을(를) 900 만큼 바꾸기

    만약  대상 = 3  (이)라면
        성인 항목을 승객 ▼ 에 추가하기
        요금 ▼ 을(를) 1200 만큼 바꾸기

버스요금은 와 요금 결합하기 와 원 입니다. 결합하기 말하기
```

❶ [이벤트]– 클릭했을 때 블록을 드래그하여 스크립트 영역에 놓습니다.

❷ [데이터]– 요금 ▼ 을(를) 0 로 정하기 블록을 드래그하여 스크립트 영역에 놓습니다.

❸ [데이터]– 1 ▼ 번째 항목을 고객 ▼ 에서 삭제하기 블록을 드래그하여 스크립트 영역에 놓은 후 '1→모두, 고객→승객'으로 수정합니다.

❹ [제어]– 10 번 반복하기 블록을 드래그하여 스크립트 영역에 놓습니다.

❺ [데이터]– 요금 ▼ 을(를) 0 로 정하기 블록을 드래그하여 스크립트 영역에 놓은 후 '요금→대상'으로 수정합니다.

❻ [연산]– 1 부터 10 사이의 난수 블록을 드래그하여 스크립트 영역에 놓은 후 '10→3'으로 수정합니다.

❼ [제어]– 만약 (이)라면 블록을 드래그하여 스크립트 영역에 놓습니다.

❽ [연산]– ☐ = ☐ 블록을 드래그하여 스크립트 영역에 놓습니다.

⑨ [데이터]– 대상 블록을 드래그하여 스크립트 영역에 놓습니다.

⑩ '빨강'을 입력합니다.

⑪ [데이터]– thing 항목을 고객▼ 에 추가하기 블록을 드래그하여 스크립트 영역에 놓은 후 'thing→어린이, 고객→승객'으로 수정합니다.

⑫ [데이터]– 요금▼ 을(를) 1 만큼 바꾸기 블록을 드래그하여 스크립트 영역에 놓은 후 '1→500'으로 수정합니다.

⑬ 동일한 방법(⑦~⑫)으로 설정합니다(2, 청소년, 900/3, 성인, 1200).

⑭ [형태]– Hello! 말하기 블록을 드래그하여 스크립트 영역에 놓습니다.

⑮ [연산]– hello 와 world 결합하기 블록을 두 번 드래그하여 스크립트 영역에 놓습니다.

⑯ '버스요금은'을 입력합니다.

⑰ [데이터]– 요금 블록을 드래그하여 스크립트 영역에 놓습니다.

⑱ '원입니다.'를 입력합니다.

1-19 실전19

📁 [예제파일] C:₩COS₩실전₩실전1-19(예제).sb2
📁 [결과파일] C:₩COS₩실전₩실전1-19(완료).sb2

1부터 100까지의 수 중에서 홀수와 3의 배수들의 합을 구하는 프로그램입니다.

예제 화면

결과 화면

정답

고양이1

❶ [이벤트]– 클릭했을 때 블록을 드래그하여 스크립트 영역에 놓습니다.

❷ [데이터]– 합 ▼ 을(를) 0 로 정하기 블록을 드래그하여 스크립트 영역에 놓은 후 '합→N'으로 수정합니다.

❸ [데이터]– 합 ▼ 을(를) 0 로 정하기 블록을 드래그하여 스크립트 영역에 놓습니다.

❹ [추가 블록]– 계산 1 블록을 드래그하여 스크립트 영역에 놓은 후 '1→100'으로 수정합니다.

❺ [형태]– Hello! 말하기 블록을 드래그하여 스크립트 영역에 놓습니다.

❻ [데이터]– 합 블록을 드래그하여 스크립트 영역에 놓습니다.

고양이2

① [제어]– `10 번 반복하기` 블록을 드래그하여 스크립트 영역에 놓은 후 '10→ `num` '으로 수정합니다.

② [데이터]– `합 ▼ 을(를) 1 만큼 바꾸기` 블록을 드래그하여 스크립트 영역에 놓은 후 '합 → N'으로 수정합니다.

③ [제어]– `만약 (이)라면` 블록을 드래그하여 스크립트 영역에 놓습니다.

④ [연산]– `가(이) 아니다` 블록을 드래그하여 스크립트 영역에 놓습니다.

⑤ [연산]– `○ 나누기 ○ 의 나머지` 블록을 드래그하여 스크립트 영역에 놓습니다.

⑥ [데이터]– `N` 블록을 드래그하여 스크립트 영역에 놓습니다.

⑦ '2, 0'을 입력합니다.

⑧ [데이터]– `합 ▼ 을(를) 1 만큼 바꾸기` 블록을 드래그하여 스크립트 영역에 놓은 후 '1 → `N` '으로 수정합니다.

⑨ 동일한 방법(②~⑦)으로 설정합니다.

1-20 실전20

📁 [예제파일] C:\COS\실전\실전1-20(예제).sb2
📁 [결과파일] C:\COS\실전\실전1-20(완료).sb2

10!을 계산하는 프로그램입니다.

예제 화면　　　　　　　　　　　**결과 화면**

정답

❶ [이벤트]– 클릭했을 때 블록을 드래그하여 스크립트 영역에 놓습니다.

❷ [데이터]– N 을(를) 0 로 정하기 블록을 드래그하여 스크립트 영역에 놓은 후 'N→계산, 0→10'으로 수정합니다.

❸ [데이터]– N 을(를) 0 로 정하기 블록을 드래그하여 스크립트 영역에 놓습니다.

❹ [연산]– ○ - ○ 블록을 드래그하여 스크립트 영역에 놓습니다.

❺ [데이터]– 계산 블록을 드래그하여 스크립트 영역에 놓습니다.

❻ '1'을 입력합니다.

❼ [제어]– 까지 반복하기 블록을 드래그하여 스크립트 영역에 놓습니다.

❽ [데이터]– N 블록을 드래그하여 스크립트 영역에 놓습니다.

❾ '0'을 입력합니다.

❿ [데이터]– N 을(를) 0 로 정하기 블록을 드래그하여 스크립트 영역에 놓은 후 'N→계산, 0→ 계산 × N '으로 수정합니다.

⓫ [데이터]– N 을(를) 0 로 정하기 블록을 드래그하여 스크립트 영역에 놓은 후 '0→ N '로 수정합니다.

⓬ [형태]– Hello! 말하기 블록을 드래그하여 스크립트 영역에 놓습니다.

⓭ [데이터]– 계산 블록을 드래그하여 스크립트 영역에 놓습니다.

기출유형 모의고사

학습목표

이번 Part에서는 실제 출제 가능한 문제들을 풀어보면서 그동안 연습했
던 실력을 발휘하는 방법에 대해 알아봅니다.

문제1

[예제파일] C:₩COS₩기출유형₩기출유형1-1(예제).sb2
[결과파일] C:₩COS₩기출유형₩기출유형1-1(완료).sb2

설명	자동차가 도로를 주행하는 프로그램입니다.
동작과정	1. ▶을 클릭하면 → 자동차가 앞으로 움직입니다. → 방향키(↑, ↓)를 눌러 반대편에서 오는 빨간색차를 피합니다. → 빨간색차와 부딪히면 멈춥니다. 2. 프로그램 종료하기
변수설명	▶ 위치 빨간색차가 무작위의 위치에서 나타나도록 하기 위한 변수입니다.
코딩 스프라이트	**빨강차**

지시사항

▶ 다음 내용을 순서대로 **코딩** 추가블록을 완성하시오.

1) **위치** 변수가 '**1**' 이면 **빨간색차** 스프라이트의 좌표를 '**x : 210, y : –110**' 으로 이동시키시오.

2) **위치** 변수가 '**2**' 이면 **빨간색차** 스프라이트의 좌표를 '**x : 210, y : –75**' 로 이동시키시오.

3) **빨간색차** 스프라이트가 '**0.5**' 부터 '**1**' 사이의 난수 초 동안 '**x : –210, y : y좌표**' 로 움직이게 하시오.

유의사항 지시사항에서 설명한 블록만 이용하시오.

예제 화면

문제

해설 **1**

결과 화면

정답

① 만약 위치 변수가 1이면 빨간색차 스프라이트의 좌표를 'x : 210, y : −110' 으로 이동합니다.

② 만약 위치 변수가 2이면 빨간색차 스프라이트의 좌표를 'x : 210, y : −75' 로 이동합니다.

③ 난수가 0.5부터 1초 동안 'x : −210, y : y좌표' 로 움직입니다.

설명	7!를 계산하는 프로그램입니다.

동작과정	1. 🏁 을 클릭하면
	  → 7!를 계산합니다.
	  → 고양이가 계산결과를 말합니다.
	2. 프로그램 종료하기
	  ※ 참고 : 7!=7×6×5×4×3×2×1

변수설명	▶ N 팩토리얼(계승)을 계산한 값을 저장하고 있는 변수입니다. ▶ 계산 계산하고 싶은 팩토리얼값을 저장하는 변수입니다.
코딩 스프라이트	고양이

지시사항

▶ 🏁 클릭했을 때

1) 다음 순서도를 참고하여 '7!' 의 값을 올바르게 계산하도록 스크립트를 완성하시오.

유의사항

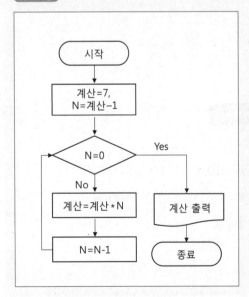

예제 화면

문제

해설2

결과 화면

정답

① 변수 계산을 7로 초기화합니다.

② 변수 N을 변수 계산-1로 초기화합니다.

③ 변수 N에서 1을 뺀 후 변수 N에 저장합니다.

문제3

📁 [예제파일] C:₩COS₩기출유형₩기출유형1-3(예제).sb2
📁 [결과파일] C:₩COS₩기출유형₩기출유형1-3(완료).sb2

설명	까마귀가 날면 배가 떨어지는 프로그램입니다.
동작과정	1. 🏳을 클릭하면 　→ 나뭇가지에 앉아있던 까마귀가 날아갑니다. 　→ 까마귀가 날자 나뭇가지에 달린 배가 떨어집니다. 2. 프로그램 종료하기
코딩 스프라이트	**까마귀**

지시사항

▶ 🏳 클릭했을 때

　1) **까마귀** 스프라이트를 보이게 한 후 '**90**'도 방향을 보게 하시오.

　2) **까마귀** 스프라이트의 좌표를 '**x : 70, y : 110**'에 위치시키시오.

　3) 모양을 '**까마귀1**'로 바꾸고, **동작** 추가블록을 실행시키시오.

▶ '**날기**' 메시지를 받았을 때

　1) 모양을 '**까마귀2**'로 바꾸고 '**0.1**'초 기다린 후, 모양을 '**까마귀3**'으로 바꾸고 '**0.1**'초 기다리기를
　　'**15번**'반복시키시오.

유의사항 지시사항에서 설명한 블록만 이용하시오.

예제 화면

문제

해설3

결과 화면

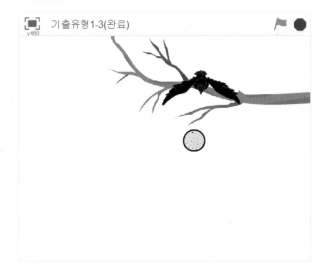

정답

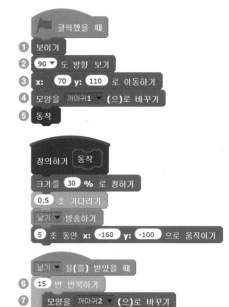

❶ 스프라이트를 보이게 합니다.

❷ '90'도 방향으로 봅니다.

❸ 스프라이트의 좌표를 'x : 70, y : 110'으로 이동합니다.

❹ 모양을 '까마귀1'로 바꿉니다.

❺ 동작 추가블록을 실행합니다.

❻ 다음(⑦~⑩)의 코드를 15번 반복합니다.

❼ 모양을 '까마귀2'로 바꿉니다.

❽ '0.1'초 기다립니다.

❾ 모양을 '까마귀3'으로 바꿉니다.

❿ '0.1'초 기다립니다.

문제4

설명	잠수부가 수영을 하는 프로그램입니다.
동작과정	1. ▐▀을 클릭하면 → 잠수부가 점점 가라앉습니다. → 스페이스 키를 누르면 위로 뜹니다. → 잠수부가 바닥에 닿으면 사라집니다. 2. 프로그램 종료하기
코딩 스프라이트	잠수부

지시사항

▶ ▐▀ 클릭했을 때

　1) **스페이스 키**를 누를 때 까지 다음을 반복하시오.

　　① y좌표를 '**–1**' 만큼 바꾸시오.

　　② y좌표가 '**–150**' 이면 숨기고, 스크립트를 모두 멈추시오.

유의사항 지시사항에서 설명한 블록만 이용하시오.

예제 화면

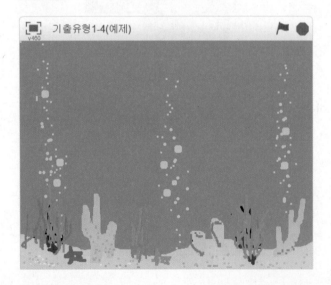

문제

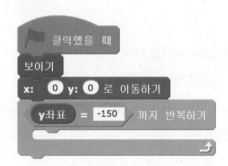

해설4

결과 화면

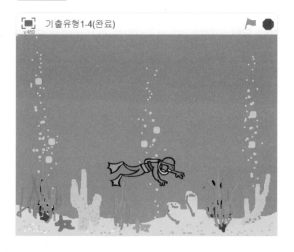

정답

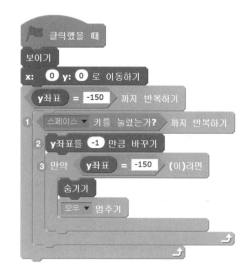

❶ '스페이스 키를 눌렀는가?'를 추가합니다.

❷ y좌표를 '-1'만큼 바꿉니다.

❸ y좌표가 '-150'이면 숨기고 모든 스크립트를 멈춥니다.

문제5

📁 [예제파일] C:₩COS₩기출유형₩기출유형1-5(예제).sb2
📁 [결과파일] C:₩COS₩기출유형₩기출유형1-5(완료).sb2

설명	로켓을 발사하는 프로그램입니다.
동작과정	1. 🏳을 클릭하면 → 게이지가 1부터 10까지 좌우로 움직입니다. → 게이지가 6이상 일 때 스페이스 키를 누르면 로켓이 무대 위로 사라집니다. ▶ 그렇지 않으면 로켓이 무대 위로 움직이다가 방향을 바꿔 무대 아래로 사라집니다. 2. 프로그램 종료하기
변수설명	▶ 힘 힘이 저장되는 변수입니다.
코딩 스프라이트	게이지

지시사항

▶ 🏳을 클릭했을 때

1) **스페이스** 키를 누를 때 까지 다음 모양으로 바꾼 후 '**0.5**'초 기다리기를 반복하시오.

유의사항 스크립트 영역에 주어진 블록만 이용하시오.

코딩 스프라이트   로켓

지시사항

▶ **스페이스** 키를 눌렀을 때

　1) **'힘)5'**이면 **성공** 추가블록을 실행시키고, 그렇지 않으면 **실패** 추가블록을 실행하시오.

유의사항 지시사항에서 설명한 블록만 이용하시오.

예제 화면

문제

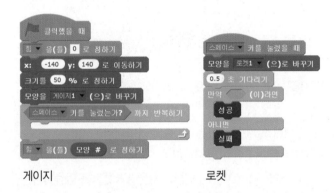

게이지　　　　　　　　　　　로켓

해설 5

결과 화면

정답

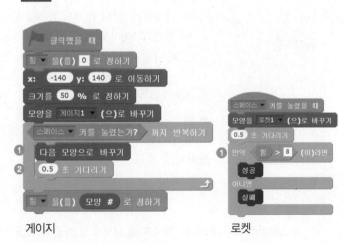

게이지　　　　　　　　　　　로켓

- **게이지 스프라이트**

  ❶ 다음 모양으로 바꿉니다.

  ❷ '0.5'초 기다립니다.

- **로켓 스프라이트**

  ❶ '힘〉8'이면 성공 추가블록을 실행하고, 그렇지 않으면 실패 추가블록을 실행합니다.

문제6

📁 [예제파일] C:₩COS₩기출유형₩기출유형1-6(예제).sb2
📁 [결과파일] C:₩COS₩기출유형₩기출유형1-6(완료).sb2

설명	369게임 프로그램입니다.
동작과정	1. 🏁을 클릭하면 → 고양이가 '삼육구~삼육구~'를 말합니다. → 1부터 숫자를 순서대로 입력합니다. → 3, 6, 9가 포함되는 숫자에는 '짝'을 입력합니다. → 잘못된 값을 입력하면 고양이가 '틀렸습니다.'를 말합니다. → 해당 순서의 값을 다시 입력합니다. 2. 프로그램 종료하기
변수설명	▶ N 반복문에 사용되며, 판별 변수에 3, 6, 9가 포함되는지 확인할 경우 필요한 변수입니다. ▶ 판별 입력해야 하는 숫자에 3, 6, 9가 들어가는지 판별하는 변수입니다.
코딩 스프라이트	고양이

지시사항

▶ **삼육구** 추가블록

1) 현재 스크립트에서 '4' 또는 '7'을 입력할 차례에 '4' 또는 '7'을 입력하면 틀렸다고 말합니다. 프로그램이 올바르게 수행되도록 잘못된 블록의 값을 수정하시오.

유의사항 지시사항에서 설명한 블록만 수정하시오.

예제 화면

문제

기출유형1-6(예제)
v400

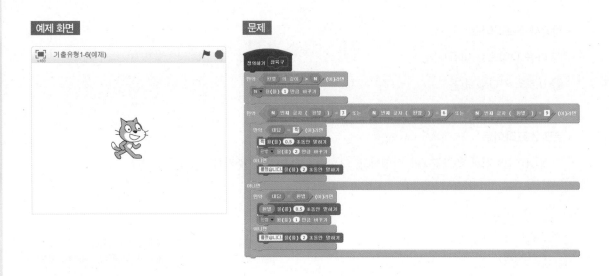

해설6

결과 화면

기출유형1-6(완료)
v400

삼육구~ 삼육구~

정답

166 | Part 05 기출유형 모의고사

❶ 판별을 '1'만큼 바꿉니다.

문제7

[예제파일] C:\COS\기출유형\기출유형1-7(예제).sb2
[결과파일] C:\COS\기출유형\기출유형1-7(완료).sb2

설명	나비를 잡는 프로그램입니다.
동작과정	1. 🏴을 클릭하면 → 나뭇잎 위에 나비와 애벌레가 보입니다. → 나비를 클릭하면 나비가 날아갑니다. → 애벌레를 클릭하면 모양이 바뀌고, 나비가 되어 날아갑니다. 2. 프로그램 종료하기
코딩 스프라이트	애벌레

지시사항

▶ 이 스프라이트를 클릭했을 때
  1) 모양을 '애벌레2'로 바꾸시오.
  2) '1'초 기다린 후 숨기시오.
  3) '도망' 메시지를 방송하시오.
▶ '도망' 메시지를 받았을 때
  1) '나비'가 복제되도록 수정하시오.

유의사항 지시사항에서 설명한 블록만 수정하시오.

예제 화면

문제

이 스프라이트가 클릭될 때

도망 ▼ 을(를) 받았을 때
애벌레 ▼ 복제하기

해설 7

결과 화면

정답

❶ 모양을 '애벌레2'로 바꿉니다.　　❷ '1'초 기다립니다.

❸ 숨깁니다.　　❹ '도망' 메시지를 방송합니다.

❺ '나비'를 복제합니다.

문제 8

📁 [예제파일] C:\COS\기출유형\기출유형1-8(예제).sb2
📁 [결과파일] C:\COS\기출유형\기출유형1-8(완료).sb2

설명	마녀가 유령을 피하는 프로그램입니다.
동작과정	1. 🚩을 클릭하면 → 마우스를 움직이면 포인터를 따라 마녀가 움직입니다. → 유령이 나타나 마녀를 쫓습니다. → 마녀가 유령에 닿으면, 마녀가 사라집니다. → 유령은 웃는 표정으로 바뀌고, 마녀를 잡기까지 걸린 시간을 말합니다. 2. 프로그램 종료하기
변수설명	▶ 시간 유령이 마녀를 잡을 때까지의 시간을 저장하는 변수입니다.
코딩 스프라이트	유령

지시사항

▶ 🏁을 클릭했을 때

    1) **마녀** 스프라이트에 닿을 때까지 '**0.5**'초 동안 '**x : 마녀의 x좌표, y : 마녀의 y좌표**'로 움직이시오.

▶ '**잡힘**' 메시지를 받았을 때

    1) 모양을 '**유령2**' 로 바꾸시오.

유의사항 지시사항에서 설명한 블록만 이용하시오.

예제 화면

| 🖥 기출유형 1-8(예제) | 🏁 ⬤ |

시간 2

문제

```
🏁 클릭했을 때
x: -240 y: 180 로 이동하기
크기를 70 % 로 정하기
모양을 유령1 ▼ (으)로 바꾸기
1 초 기다리기
   마녀 ▼ 에 닿았는가? 까지 반복하기
   마녀 ▼ 쪽 보기
   0 초 동안 x: 0 y: 0 으로 움직이기
```

```
잡힘 ▼ 을(를) 받았을 때
모양을 유령1 ▼ (으)로 바꾸기
시간 말하기
스프라이트에 있는 다른 스크립트▼ 멈추기
```

해설 8

결과 화면

| 🖥 기출유형 1-8(완료) | 🏁 ⬤ |

시간 4

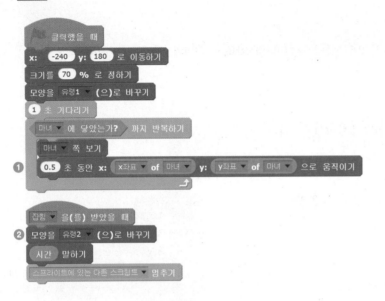

❶ '0.5'초 동안 'x : 마녀의 x좌표, y : 마녀의 y좌표'로 움직입니다.

❷ 모양을 '유령2'로 바꿉니다.

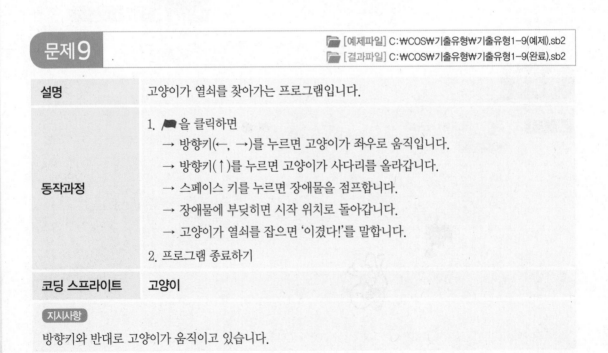

문제9

📁 [예제파일] C:₩COS₩기출유형₩기출유형1-9(예제).sb2
📁 [결과파일] C:₩COS₩기출유형₩기출유형1-9(완료).sb2

설명	고양이가 열쇠를 찾아가는 프로그램입니다.
동작과정	1. 🏳을 클릭하면 → 방향키(←, →)를 누르면 고양이가 좌우로 움직입니다. → 방향키(↑)를 누르면 고양이가 사다리를 올라갑니다. → 스페이스 키를 누르면 장애물을 점프합니다. → 장애물에 부딪히면 시작 위치로 돌아갑니다. → 고양이가 열쇠를 잡으면 '이겼다!'를 말합니다. 2. 프로그램 종료하기
코딩 스프라이트	고양이

지시사항

방향키와 반대로 고양이가 움직이고 있습니다.

지시사항

▶ 오류가 있는 스크립트

1) **'왼쪽 화살표'** 키를 누르면 왼쪽을 바라보고, **'10'** 만큼 움직이도록 스크립트를 수정하시오.

2) **'오른쪽 화살표'** 키를 누르면 오른쪽을 바라보고, **'10'** 만큼 움직이도록 스크립트를 수정하시오.

유의사항 스크립트 영역에 주어진 블록만 수정하시오.

해설 9

① '왼쪽 화살표' 키를 누르면 −90도(왼쪽)를 바라보고, '10' 만큼 움직이도록 수정합니다.

② '오른쪽 화살표' 키를 누르면 90도(오른쪽)를 바라보고, '10' 만큼 움직이도록 수정합니다.

설명	주스 뚜껑을 닫는 게임 프로그램입니다.
동작과정	1. 🏴을 클릭하면 → 음료병이 컨베이어벨트를 타고 이동합니다. → 음료병이 컨베이어벨트에서 떨어지기 전에 뚜껑을 드래그하여 음료병의 입구를 막으면 100점 증가하고, 그렇지 않으면 100점 감소합니다. 2. 프로그램 종료하기
변수설명	▶ **점수** 점수가 저장되는 변수입니다.
코딩 스프라이트	**음료병**

지시사항

▶ **확인 추가블록**

1) **음료병** 스프라이트의 모양이 '**음료병1**'이면 **변경** 추가블록을 실행한 후 **점수** 변수를 '**100**'점 감소시키고, 그렇지 않으면 '**100**'점 증가시키도록 스크립트를 수정하시오.

유의사항 지시사항에서 설명한 블록만 이용하시오.

예제 화면

문제

해설 10

결과 화면

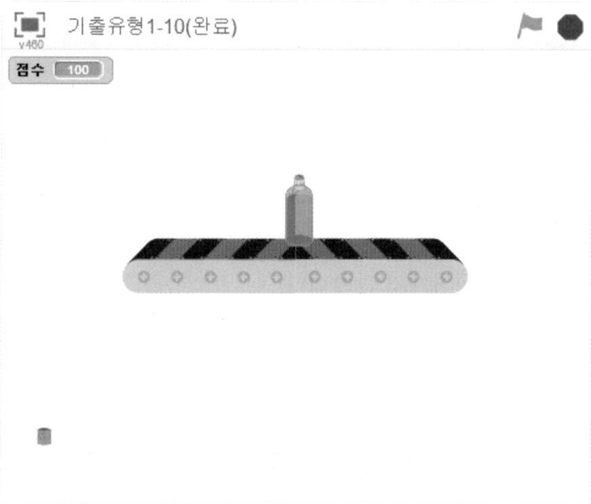

기출유형1-10(완료)

점수 100

정답

정의하기 확인

① 만약 모양 # = 1 (이)라면

변경
② 점수 ▼ 을(를) -100 만큼 바꾸기
아니면
③ 점수 ▼ 을(를) 100 만큼 바꾸기

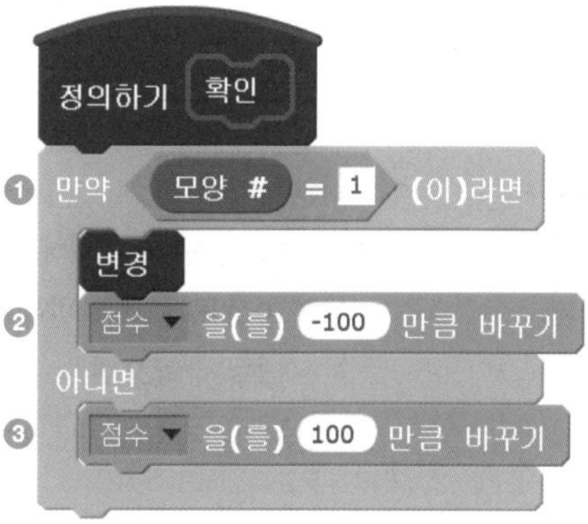

① 모양을 추가합니다.

② 점수를 '100'점 감소하도록 수정합니다.

③ 점수를 '100'점 증가하도록 수정합니다.

문제1

📁 [예제파일] C:\COS\기출유형\기출유형2-1(예제).sb2
📁 [결과파일] C:\COS\기출유형\기출유형2-1(완료).sb2

설명	농구공을 던져 바구니에 넣는 프로그램입니다.
동작과정	1. 🏳️을 클릭하면 2. 농구공을 던지기 위해 스페이스 키를 누릅니다. 　→ 화살표가 초록 범위에 위치하면 농구공이 바구니에 들어갑니다. 　→ 그렇지 않으면 농구공이 바구니에 들어가지 않습니다. 3. 프로그램 종료하기
변수설명	▶ N 농구공을 회전시키는 각도를 조절하기 위해 사용하는 변수입니다.
코딩 스프라이트	농구공

지시사항

▶ 🏳️을 클릭했을 때
　1) **농구공** 스프라이트를 좌표 'x : −140, y : −115' 에 위치시키시오.
▶ 실패 메시지를 받았을 때
　1) 다음 지시사항을 순서대로 '60'번 반복시키시오.
　　① N 변수를 '6'만큼 바꾸시오.
　　② **농구공** 스프라이트를 시계방향으로 N 변수만큼 회전시키시오.

유의사항 지시사항에서 설명한 블록만 이용하시오.

해설 1

결과 화면

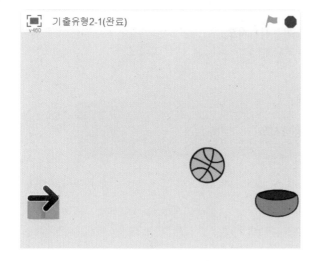

정답

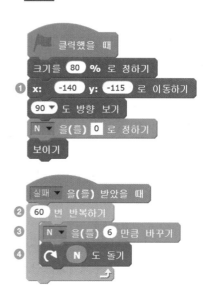

❶ 농구공을 좌표 'x : −140, y : −115'에 위치합니다.

❷ 다음(③~④)을 60번 반복합니다.

❸ 변수 N을 '6' 만큼 바꿉니다.

❹ 시계방향으로 변수 N 만큼 회전합니다.

문제2

📁 [예제파일] C:₩COS₩기출유형₩기출유형2-2(예제).sb2
📁 [결과파일] C:₩COS₩기출유형₩기출유형2-2(완료).sb2

설명	산소와 수소가 결합하여 물이 되는 프로그램입니다.
동작과정	1. 🏴을 클릭하면 → 산소 1개와 수소 2개가 무작위로 움직입니다. → 산소 1개와 수소 2개가 만나면 물로 변합니다. 2. 프로그램 종료하기
변수설명	▶ H 산소에 수소가 몇 개 결합되었는지 확인하는 변수입니다.

코딩 스프라이트　　수소1

지시사항

▶ **결합1** 메시지를 받았을 때

1) 다음 지시사항을 순서대로 무한반복 시키시오.

　① **수소1** 스프라이트를 **산소** 스프라이트 위치로 이동시키시오.

　② x좌표를 '20' 만큼 바꾸시오.

　③ y좌표를 '-10' 만큼 바꾸시오.

　④ 만약 H=2 이면 **수소1** 스프라이트를 숨기시오.

유의사항 **보기블록1** 스프라이트에 주어진 블록만 이용하시오.

코딩 스프라이트　　산소

지시사항

▶ **이동** 메시지를 받았을 때

1) 다음 지시사항을 순서대로 작성하시오.

　① **산소** 스프라이트가 벽에 닿으면 튕기시오.

　② **산소** 스프라이트를 시계방향으로 '-10' 부터 '10' 사이의 난수 각도로 회전시키시오.

유의사항 **보기블록2** 스프라이트에 주어진 블록만 이용하시오.

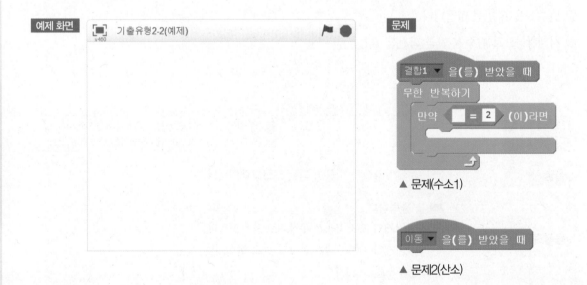

예제 화면

기출유형2-2(예제)

문제

▲ 문제(수소1)

▲ 문제2(산소)

해설 2

결과 화면

```
[■] 기출유형2-2(완료)                    🚩 ●
v480
```

정답

▲ 정답(수소1)

▲ 정답(산소)

❶ 산소 스프라이트 위치로 이동합니다.

❷ x좌표를 '20' 만큼 바꿉니다.

❸ y좌표를 '−10' 만큼 바꿉니다.

❹ 'H=2' 이면 숨깁니다.

❺ 산소 스프라이트가 벽에 닿으면 튕깁니다.

❻ 산소 스프라이트를 시계방향으로 '−10' 부터 '10' 사이의 난수 각도로 회전합니다.

문제3

[예제파일] C:₩COS₩기출유형₩기출유형2-3(예제).sb2
[결과파일] C:₩COS₩기출유형₩기출유형2-3(완료).sb2

설명	둥지에 있는 아기제비를 구하는 프로그램입니다.
동작과정	1. 🏁을 클릭하면 → 구렁이가 무작위의 위치에서 아기제비를 잡기 위해 움직입니다. → 마우스로 구렁이를 클릭하면 구렁이의 모양이 바뀌고 사라집니다. ▶ 무작위의 위치에서 다시 구렁이가 나타납니다. → 아기제비가 구렁이에 닿으면 사라집니다. 2. 프로그램 종료하기
변수설명	▶ 위치 구렁이의 위치를 결정하는 변수입니다.
코딩 스프라이트	**구렁이**

[지시사항]

▶ 구렁이 스프라이트를 클릭하였지만, 구렁이가 사라지지 않고 계속 움직이고 있습니다.

　1) **구렁이** 스프라이트를 클릭하면 모양이 바뀌고 사라진 후 다른 위치에서 다시 나타나도록 명령 블록
　　1개를 추가하여 스크립트를 완성하시오.

[유의사항] 지시사항에서 설명한 블록만 이용하시오.

예제 화면

기출유형2-3(예제)

문제

```
이 스프라이트가 클릭될 때
모양을 구렁이3 ▼ (으)로 바꾸기
1 초 기다리기
숨기기
구렁이 ▼ 복제하기
```

해설 3

결과 화면

정답

❶ '스프라이트에 있는 다른 스크립트 멈추기'를 추가합니다.

문제 4

📁 [예제파일] C:\COS\기출유형\기출유형2-4(예제).sb2
📁 [결과파일] C:\COS\기출유형\기출유형2-4(완료).sb2

설명	자연수를 저장하는 리스트를 생성하는 프로그램입니다.
동작과정	1. 🏳을 클릭하면 → 자연수를 입력합니다. → 입력한 자연수를 입력한 자연수만큼 리스트에 추가합니다. 2. 프로그램 종료하기
코딩 스프라이트	**고양이**

지시사항

▶ **생성 추가블록**

1) 입력한 자연수를 입력한 자연수만큼 **저장소** 리스트에 추가하는 **생성** 추가블록을 완성하시오.

유의사항

스크립트를 작성하는데 블록 사용의 제한은 없으나, 리스트의 이름은 반드시 **저장소**로 하시오.

해설 4

결과 화면

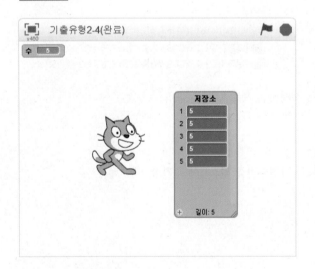

정답

❶ 저장소에서 삭제합니다.

❷ 자연수번 반복합니다.

❸ 자연수를 저장소 리스트에 추가합니다.

문제5

📁 [예제파일] C:₩COS₩기출유형₩기출유형2-5(예제).sb2
📁 [결과파일] C:₩COS₩기출유형₩기출유형2-5(완료).sb2

설명	상자를 클릭하면 선물을 보여주는 프로그램입니다.
동작과정	1. 🏳을 클릭하면 → 무대에 1개의 상자가 놓입니다. ▶ 상자에는 '머플러', '기타', '신발' 세 가지 선물 중 한 가지가 무작위로 들어 있습니다. → 상자를 클릭하면 선물을 보여줍니다. 2. 프로그램 종료하기

코딩 스프라이트　　**상자**

지시사항

▶ 이 스프라이트를 클릭했을 때

　1) **'클릭'** 메시지를 방송하고 숨기시오.

유의사항　지시사항에서 설명한 블록만 이용하시오.

코딩 스프라이트　　**선물**

지시사항

▶ **'클릭'** 메시지를 받았을 때

　1) 선물 스프라이트를 보이시오.

유의사항　지시사항에서 설명한 블록만 이용하시오.

예제 화면

문제

이　스프라이트가　클릭될　때

▲ 문제(상자)

클릭 ▼ 을(를)　받았을　때

▲ 문제(선물)

결과 화면

정답

▲ 정답(상자)

▲ 정답(선물)

❶ 클릭 메시지를 방송합니다.
❷ 숨깁니다.
❸ 보입니다.

문제 6

📁 [예제파일] C:\COS\기출유형\기출유형2-6(예제).sb2
📁 [결과파일] C:\COS\기출유형\기출유형2-6(완료).sb2

설명	버스에 탄 승객의 요금을 계산하는 프로그램입니다.
동작과정	1. 🏳을 클릭하면 → 승객 10명이 리스트에 무작위로 입력됩니다. → 대상(어린이, 청소년, 성인)에 따라 버스 요금을 계산합니다. → 고양이가 계산결과를 말합니다. 2. 프로그램 종료하기
변수설명	▶ 대상 승객 리스트에 어린이, 청소년, 성인 중 한 가지를 저장하기 위해 사용하는 변수입니다. ▶ 요금 버스요금을 계산하여 저장하는 변수입니다.
코딩 스프라이트	고양이

지시사항

▶ 🏁 을 클릭하면

1) 다음 지시사항을 순서대로 '10'번 반복하는 스크립트를 완성하시오.

① **대상** 변수를 '1' 부터 '3' 사이의 난수로 정하시오.

② **대상**=1이면 '**어린이**' 항목을 **승객** 리스트에 추가하고, **요금** 변수를 '500' 만큼 바꾸시오.

③ **대상**=2이면 '**청소년**' 항목을 **승객** 리스트에 추가하고, **요금** 변수를 '900' 만큼 바꾸시오.

④ **대상**=3이면 '**성인**' 항목을 **승객** 리스트에 추가하고, **요금** 변수를 '1200' 만큼 바꾸시오.

유의사항

지시사항에서 설명한 블록과 **보기블록** 스프라이트에 주어진 블록만 이용하시오.

예제 화면

문제

해설 6

결과 화면

정답

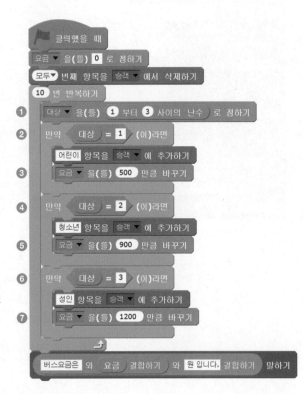

❶ 대상 변수를 '1'부터 '3'까지 난수로 정합니다.

❷ 대상=1 이면 '어린이' 항목을 승객 리스트에 추가합니다.

❸ 요금 변수를 '500' 만큼 바꿉니다.

❹ 대상=2 이면 '청소년' 항목을 승객 리스트에 추가합니다.

❺ 요금 변수를 '900' 만큼 바꿉니다.

❻ 대상=3 이면 '성인' 항목을 승객 리스트에 추가합니다.

❼ 요금 변수를 '1200' 만큼 바꿉니다.

문제7

[예제파일] C:₩COS₩기출유형₩기출유형2-7(예제).sb2
[결과파일] C:₩COS₩기출유형₩기출유형2-7(완료).sb2

설명	기계 속의 공을 무작위로 뽑는 프로그램입니다.
동작과정	1. 🏳 을 클릭하면 → 기계 안의 공들이 움직입니다. → 3초 후에 기계에서 숫자가 적힌 공 한 개가 무작위로 나옵니다. → 공이 숫자를 알려줍니다. 2. 프로그램 종료하기
변수설명	▶ **숫자** 공의 숫자를 저장하는 변수입니다.
코딩 스프라이트	공

[지시사항]

▶ 🏳 을 클릭하면
   1) 숫자가 적힌 공이 무작위로 나오도록 다음 내용을 참고하여 스크립트를 완성하시오.
     ① **숫자** 변수를 '**1**' 부터 '**4**' 사이의 난수로 정하시오.
     ② 공 스프라이트를 '**공**' 과 I 변수를 결합한 모양으로 바꾸시오.

[유의사항]

지시사항에서 설명한 블록과 **보기블록** 스프라이트에 주어진 블록만 이용하시오.

예제 화면

문제

결과 화면

숫자 4

4번 입니다.

정답

클릭했을 때

숨기기

크기를 25 % 로 정하기

I ▼ 을(를) 1 로 정하기

x: 100 y: -40 로 이동하기

❶ 숫자 ▼ 을(를) 1 부터 4 사이의 난수 로 정하기

4 번 반복하기

   만약 숫자 = I (이)라면

❷   모양을 공 와 I 결합하기 (으)로 바꾸기

   아니면

     I ▼ 을(를) 1 만큼 바꾸기

1 초 기다리기

보이기

1 초 동안 x: 100 y: -80 으로 움직이기

1 초 동안 x: -10 y: -125 으로 움직이기

I 와 번 입니다. 결합하기 말하기

❶ 숫자 변수를 '1' 부터 '4' 사이의 난수로 정합니다.

❷ '공' 과 I 변수를 결합한 모양으로 바꿉니다.

문제 8

📂 [예제파일] C:₩COS₩기출유형₩기출유형2-8(예제).sb2
📂 [결과파일] C:₩COS₩기출유형₩기출유형2-8(완료).sb2

설명	무대의 '상', '중', '하' 스프라이트 중 하나를 클릭할 경우 '상', '중', '하' 스프라이트가 모두 동시에 무대에서 사라지는 프로그램입니다.
동작과정	1. 🏴 을 클릭하면 2. 무대에 보이는 '상', '중', '하' 스프라이트 중 하나를 클릭하면 → '상', '중', '하' 스프라이트가 모두 동시에 무대에서 사라집니다. 3. 프로그램 종료하기
코딩 스프라이트	상, 중, 하

지시사항

▶ 이 스프라이트를 클릭했을 때

   1) 스프라이트를 클릭하면 무대에서 **상** 스프라이트, **중** 스프라이트, **하** 스프라이트가 모두 동시에
      사라지도록 **'zoop'** 소리를 재생하고, **'숨기기'**를 방송하시오.

▶ **'숨기기'** 메시지를 받았을 때

   1) 스프라이트를 숨기시오.

유의사항   지시사항에서 설명한 블록만 이용하시오.

예제 화면

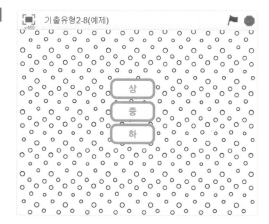

문제

이 스프라이트가 클릭될 때

숨기기 ▼ 을(를) 받았을 때

해설 8

결과 화면

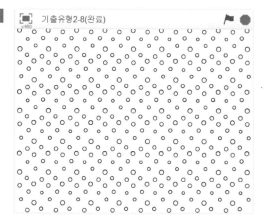

정답

① 'zoop' 소리를 재생합니다.

② '숨기기'를 방송합니다.

③ 스프라이트를 숨깁니다.

④ 동일한 방법으로 중, 하 스프라이트에
도 설정합니다.

[예제파일] C:₩COS₩기출유형₩기출유형2-9(예제).sb2
[결과파일] C:₩COS₩기출유형₩기출유형2-9(완료).sb2

문제9

설명	움직이는 구름을 클릭하면 풍차 날개가 회전하는 프로그램입니다.
동작과정	1. ⚑을 클릭하면 → 구름이 오른쪽에서 왼쪽으로 움직입니다. ▶ 이 때 구름을 클릭하면 풍차 날개가 반시계 방향으로 회전합니다. 2. 프로그램 종료하기
코딩 스프라이트	바람

지시사항

▶ '바람' 메시지를 받았을 때

 1) 다음 내용을 순서대로 작성하시오.

   ① **바람** 스프라이트를 보이게 하시오.

   ② **바람** 스프라이트를 맨 앞에 오도록 하시오.

   ③ **구름** 스프라이트 위치로 이동하시오.

   ④ x좌표를 '−50' 만큼 바꾸시오.

   ⑤ y좌표를 '−30' 만큼 바꾸시오.

유의사항 지시사항에서 설명한 블록만 이용하시오.

예제 화면

기출유형2-9(예제)

문제

바람 ▼ 을(를) 받았을 때

해설 9

결과 화면

정답

바람 ▼ 을(를) 받았을 때
1. 보이기
2. 맨 앞으로 순서 바꾸기
3. 구름 ▼ 위치로 이동하기
4. x좌표를 -50 만큼 바꾸기
5. y좌표를 -30 만큼 바꾸기

❶ 바람 스프라이트를 보이게 합니다.　　❷ 바람 스프라이트를 맨 앞으로 이동시킵니다.

❸ 구름 스프라이트 위치로 이동합니다.　　❹ x좌표를 '-50' 만큼 바꿉니다.

❺ y좌표를 '-30' 만큼 바꿉니다.

문제 10

📁 [예제파일] C:\COS\기출유형\기출유형2-10(예제).sb2
📁 [결과파일] C:\COS\기출유형\기출유형2-10(완료).sb2

설명	뽕망치로 두더지를 잡는 프로그램입니다.
동작과정	1. 🏴을 클릭하면 　→ 두더지가 무작위의 위치에서 나옵니다. 2. 마우스 포인터를 따라 뽕망치가 움직입니다. 3. 마우스를 클릭하여 뽕망치로 두더지를 때립니다. 　→ 두더지를 때리면 모양이 바뀌면서 사라지고 점수가 100점 올라갑니다. 　→ 때리지 못하면 사라집니다. 4. 프로그램 종료하기

변수설명	▶ 위치 두더지가 무작위의 위치에서 나타나도록 하는 변수입니다. ▶ 점수 뿅망치로 두더지를 잡으면 100점씩 증가하는 변수입니다.
코딩 스프라이트	두더지

지시사항

▶ **두더지 추가블록**

1) 다음 지시사항을 순서대로 두더지 추가블록 스크립트를 완성하시오.

① **위치** 변수를 '1' 부터 '3' 사이의 난수로 정하시오.

② **위치** 변수가 '1' 이면 좌표를 'x : −170, y : 40'으로 이동하시오.

③ **위치** 변수가 '2' 이면 좌표를 'x : −10, y : 40'으로 이동하시오.

④ **위치** 변수가 '3' 이면 좌표를 'x : 150, y : 40'으로 이동하시오.

유의사항 **보기블록** 스프라이트에 주어진 블록만 이용하시오.

예제 화면

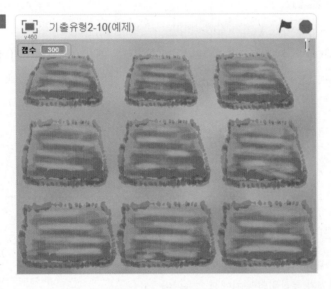

문제

해설 10

결과 화면

정답

❶ 위치 변수를 '1' 부터 '3' 사이의 난수로 정합니다.

❷ 위치 변수가 '1' 이면 좌표를 'x : −170, y : 40'으로 이동합니다.

❸ 위치 변수가 '2' 이면 좌표를 'x : −10, y : 40'으로 이동합니다.

❹ 위치 변수가 '3' 이면 좌표를 'x : 150, y : 40'으로 이동합니다.

문제1

📁 [예제파일] C:₩COS₩기출유형₩기출유형3-1(예제).sb2
📁 [결과파일] C:₩COS₩기출유형₩기출유형3-1(완료).sb2

설명	고양이가 발판을 밟고 가는 프로그램입니다.
동작과정	1. 🏳을 클릭하면 → 고양이가 발판 위를 점프합니다. → 고양이가 발판에 닿았을 때 오른쪽 화살표(→)를 누르면 고양이는 점프를 하고, 발판이 오른쪽에서 왼쪽으로 이동합니다. 2. 프로그램 종료하기
변수설명	▶ N 발판의 x좌표가 바뀌도록 하는 변수입니다.
코딩 스프라이트	**발판**

지시사항

▶ 오른쪽 화살표 키를 눌렀을 때

  1) **고양이** 스프라이트의 y좌표가 '**–50**' 보다 작으면 **이동** 메시지를 방송하고, '**0.5**' 초 동안 좌표 x : 'x : x좌표 – 150', y : '**–130**' 으로 움직인 다음 **벽닿음** 추가블록을 실행하시오.

유의사항 지시사항에서 설명한 블록만 이용하시오.

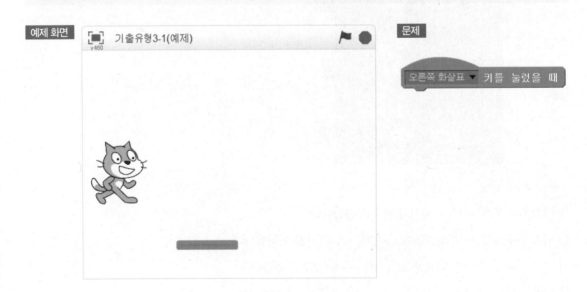

해설 1

결과 화면

정답

① 고양이 스프라이트 y좌표가 '−50' 보다 작게 설정합니다.

② 이동 메시지를 방송합니다.

③ '0.5' 초 동안 'x : x좌표 −150, y : −130' 으로 움직입니다.

④ 벽닿음 추가블록을 실행합니다.

문제2

📁 [예제파일] C:\COS\기출유형\기출유형3-2(예제).sb2
📁 [결과파일] C:\COS\기출유형\기출유형3-2(완료).sb2

설명	허용 전류를 초과하면 전기가 차단되는 프로그램입니다.
동작과정	1. 🏳을 클릭하면 → 전류량이 10에서 22 사이의 값으로 움직입니다. → 전류량이 20을 초과하면 누전차단기가 작동(ON)합니다. 2. 프로그램 종료하기
변수설명	▶ **전류량** 10에서 22사이의 값을 저장하는 변수입니다.
코딩 스프라이트	**누전차단기**

지시사항

▶ 초기화 추가블록

1) **전류량** 변수를 '0' 으로 정하시오.

▶ 차단여부 추가블록

1) NUM 매개변수가 '**20**'을 초과하면 **누전차단기** 스프라이트 모양이 '**ON**'이 되고, 그렇지 않으면 '**OFF**'가 되도록 스크립트를 완성하시오.

유의사항 **보기블록** 스프라이트에 주어진 블록만 이용하시오.

예제 화면

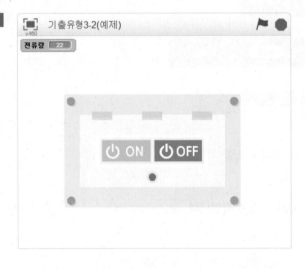

문제

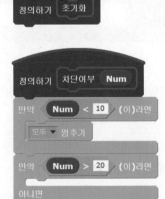

해설 2

결과 화면

기출유형3-2(완료)

전류량 22

(ON) ON (OFF) OFF

정답

① 전류량 변수를 '0'으로 설정합니다.

② 누전차단기 모양을 'ON'으로 바꿉니다.

③ 누전차단기 모양을 'OFF'로 바꿉니다.

문제3

[예제파일] C:\COS\기출유형\기출유형3-3(예제).sb2
[결과파일] C:\COS\기출유형\기출유형3-3(완료).sb2

설명	처음 두 항은 1이고, 세 번째 항부터는 바로 앞의 두 항의 합이 되는 피보나치 수열을 만드는 프로그램입니다.
동작과정	1. 🚩을 클릭하면 → 리스트의 첫 번째 데이터에 1을 삽입합니다. → 리스트의 두 번째 데이터에 1을 삽입합니다. → 리스트의 세 번째 데이터에 앞 두 데이터값의 합을 삽입합니다. ▶ 위의 과정을 리스트의 데이터 수가 12개가 될 때까지 반복합니다. 2. 프로그램 종료하기
변수설명	▶ N 리스트의 값을 검색하기 위해 사용하는 변수입니다.

코딩 스프라이트   고양이

〔지시사항〕

▶ ▆ 을 클릭하면
  1) **피보나치수열** 리스트의 첫 번째 데이터와 두 번째 데이터에 각각 '1'이 입력되어 있습니다.
    피보나치수열의 세 번째 항부터 열두 번째 항의 값을 삽입하는 스크립트를 완성하시오.

〔유의사항〕 스크립트 영역에 주어진 블록만 이용하시오.

예제 화면

해설 3

결과 화면

정답

❶ N번째 항목과 N+1 항목을 더해서 피보나치수열에 추가합니다.

문제4

📁 [예제파일] C:₩COS₩기출유형₩기출유형3-4(예제).sb2
📁 [결과파일] C:₩COS₩기출유형₩기출유형3-4(완료).sb2

설명	청기백기 게임 프로그램입니다.
동작과정	1. 🏳을 클릭하면 → 펭귄이 청기와 백기 중 올릴지 내릴지를 말합니다. → 깃발의 색에 따라 청기는 b 키, 백기는 w 키를 누릅니다. → 깃발을 올릴 때는 방향키 ↑를 누릅니다. → 지시한대로 누르면 점수가 100점 증가하고, 그렇지 않으면 점수가 100점 감소합니다. 2. 프로그램 종료하기 ※ '청기올려' : b 키를 누르고 방향키 ↑를 누릅니다.
변수설명	▶ 지시 펭귄이 지시를 내리기 위한 변수입니다. ▶ 점수 점수가 저장되는 변수입니다.
코딩 스프라이트	백기

▶ 을 클릭하면

  1) **점수** 변수가 '**1000**'이 될 때까지 다음을 반복하시오.

    ① ⓦ 키를 누를 때까지 기다리시오.

    ② **백기** 추가블록을 실행하시오.

    ③ **초기화** 추가블록을 실행하시오.

▶ 백기 추가블록

  1) **지시** 변수가 '**2**'이면 점수 변수를 '**100**' 만큼 바꾸고, 그렇지 않으면 '**–100**' 만큼 바꾸시오.

유의사항 스크립트 영역에 주어진 블록만 이용하시오.

예제 화면

문제

198 | Part 05 기출유형 모의고사

해설 4

결과 화면

정답

```
클릭했을 때
점수 ▼ 을(를) 0 로 정하기
180 ▼ 도 방향 보기
x: 47 y: -87 로 이동하기
❶  점수 = 1000  까지 반복하기
❷    w ▼ 키를 눌렀는가?  까지 기다리기
❸    벽기
❹    초기화


정의하기 벽기
  위쪽 화살표 ▼ 키를 눌렀는가?  또는  아래쪽 화살표 ▼ 키를 눌렀는가?  까지 기다리기
  만약  위쪽 화살표 ▼ 키를 눌렀는가?  (이)라면
    90 ▼ 도 방향 보기
    x좌표를 -3 만큼 바꾸기
    y좌표를 45 만큼 바꾸기
❺    만약  지시 = 2  (이)라면
❻      점수 ▼ 을(를) 100 만큼 바꾸기
      아니면
❼      점수 ▼ 을(를) -100 만큼 바꾸기
```

❶ '1000' 을 추가합니다.   ❷ w 키를 누를 때까지 기다립니다.

❸ 백기 추가블록을 실행하시오.   ❹ 초기화 추가블록을 실행하시오.

❺ '2'를 추가합니다.   ❻ 점수 변수를 '100' 만큼 바꿉니다.

❼ 점수 변수를 '−100' 만큼 바꿉니다.

문제5

설명	리스트에 1부터 100 사이의 무작위 숫자 10개 저장되어 있습니다. 이 중에서 짝수의 개수를 알려주는 프로그램입니다.
동작과정	1. 🏴을 클릭하면 → 리스트에 1부터 100 사이의 무작위 숫자 10개가 저장됩니다. → 고양이가 리스트에 저장된 숫자 중에서 짝수의 개수를 말합니다. 2. 프로그램 종료하기
변수설명	▶ N 리스트의 값을 검색하기 위해 사용하는 변수입니다. ▶ 짝수 짝수의 개수를 저장하는 변수입니다.
코딩 스프라이트	고양이

지시사항

▶ 계산 추가블록

1) 순서도를 참고하여 리스트에 저장된 짝수의 개수를 말하는 스크립트를 작성하시오.

유의사항

지시사항에서 설명한 블록만 이용하시오.

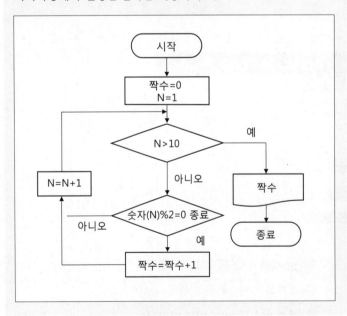

예제 화면

문제

해설 5

결과 화면

① N이 10이 될 때까지 반복합니다.

② N번째 숫자를 2로 나눈 후 나머지가 '0'이면 추가합니다.

③ 짝수를 '1' 만큼 바꿉니다.

④ N을 '1' 만큼 바꿉니다.

정답

문제6	📂 [예제파일] C:₩COS₩기출유형₩기출유형3-6(예제).sb2
	📂 [결과파일] C:₩COS₩기출유형₩기출유형3-6(완료).sb2

설명	주어진 예시를 이용하여 값을 계산하는 프로그램입니다.
동작과정	1. 🏳을 클릭하면 → 네 자리 숫자의 각 자리의 숫자를 덧셈합니다. → 고양이가 계산한 결과값의 마지막 숫자를 말합니다. 2. 프로그램 종료하기 ※ 예시 '7113' 입력→7+1+1+3→12→'2' 말하기
변수설명	▶ N 자연수의 자릿수를 판단하기 위해 사용하는 변수입니다. ▶ 합 계산 결과를 저장하는 변수입니다.
코딩 스프라이트	고양이

지시사항

▶ **계산** 추가블록

  1) 네 자리 숫자의 각 자리 숫자를 덧셈하여 계산값의 마지막 숫자를 말하도록 스크립트를 완성하시오.

유의사항 **보기블록** 스프라이트에 주어진 블록만 이용하시오.

예제 화면

문제

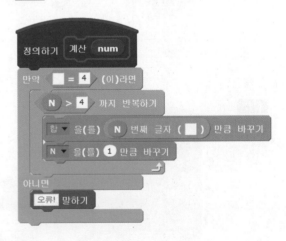

해설 **6**

결과 화면

정답

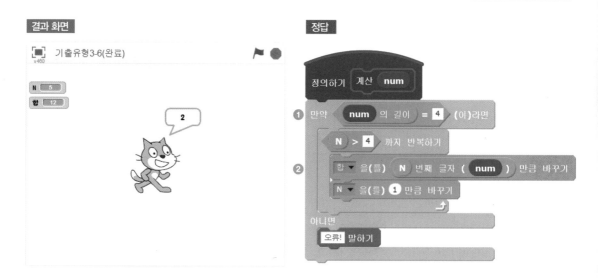

① num의 길이를 추가합니다.

② num을 추가합니다.

문제 **7**

📂 [예제파일] C:\COS\기출유형\기출유형3-7(예제).sb2
📂 [결과파일] C:\COS\기출유형\기출유형3-7(완료).sb2

설명	대상과 인원수에 따라 우주선 안의 산소가 모두 소모되는 데에 걸리는 시간을 계산하는 프로그램입니다.
동작과정	1. 🏁을 클릭하면 2. 계산 추가 블록의 매개변수에는 산소량은 1000, 인원은 3, 대상은 어린이가 저장되어 있습니다. 　→ 고양이가 우주선 안의 산소가 고갈되는데 걸리는 시간을 계산하여 말합니다. 3. 프로그램 종료하기
변수설명	▶ **시간** 산소가 고갈되는 데에 걸리는 시간을 계산하여 저장하는 변수입니다. ▶ **호흡수A** 성인의 1분당 호흡수 20을 저장하고 있는 변수입니다. ▶ **호흡수C** 어린이의 1분당 호흡수 30을 저장하고 있는 변수입니다.

코딩 스프라이트 **고양이**

▶ **계산 추가블록**

1) 산소량, 인원, 대상(성인 또는 어린이) 매개변수를 입력받아 우주선 안의 산소가 고갈되는 시간을 계산하여 말하도록 다음 내용을 참고하여 **계산 추가블록**을 완성하시오.
   - 시간=산소량/(호흡수×인원)
   - **시간** 변수의 값은 천장 함수를 이용하여 정수로 나타내시오.

※ **참고**

산소량	인원	대상	고갈시간
1000	3	어린이	12분
1000	3	성인	17분

유의사항 주어진 변수를 이용하되 **계산** 추가블록 스크립트는 자유롭게 완성하시오.

예제 화면

문제

해설 7

결과 화면

정답

① '대상'이 어린이라면 추가합니다.

② '시간'을 '산소량/(호흡수C × 인원)'으로 바꿉니다.

③ '대상'이 성인이라면 추가합니다.

④ '시간'을 '산소량/(호흡수A × 인원)'으로 바꿉니다.

문제8

📁 [예제파일] C:₩COS₩기출유형₩기출유형3-8(예제).sb2
📁 [결과파일] C:₩COS₩기출유형₩기출유형3-8(완료).sb2

설명	자연수의 제곱근을 구하여 소수점 이하를 올림 계산하여 사각형을 그리는 프로그램입니다.
동작과정	1. 🏴을 클릭하면 2. 자연수를 입력합니다. 　→ 제곱근을 입력합니다. 　→ 계산값을 한 변의 길이로 하여 정사각형을 그립니다. 3. 프로그램 종료하기
변수설명	▶ **제곱근** 입력한 값의 제곱근을 저장하는 변수입니다. ▶ **올림** 제곱근의 값에서 소수점 이하를 올림 계산하여 저장하는 변수입니다.
코딩 스프라이트	연필

지시사항

▶ 🏴을 클릭하면
　1) 입력한 값의 제곱근을 계산하는 **제곱근** 변수를 완성하시오.
　2) 위에서 계산된 제곱근 변수값을 올림 계산하는 올림 변수를 완성하시오.

유의사항 지시사항에서 설명한 블록만 이용하시오.

예제 화면

문제

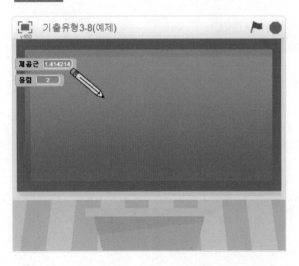

해설 8

결과 화면

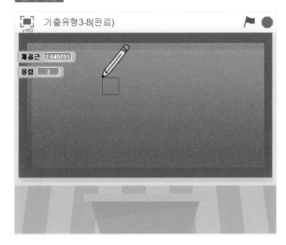

정답

❶ 제곱근(대답)을 추가합니다.

❷ 천장 함수(제곱근)를 추가합니다.

문제 9

📁 [예제파일] C:₩COS₩기출유형₩기출유형3-9(예제).sb2
📁 [결과파일] C:₩COS₩기출유형₩기출유형3-9(완료).sb2

설명	늑대가 입바람을 불어 지푸라기 집을 무너트리는 프로그램의 일부입니다.

동작과정	1. 🏳을 클릭하면
	2. 스페이스 키를 누르면 게이지가 오른쪽으로 움직입니다.
	3. 스페이스 키를 떼면 게이지의 움직임이 멈춥니다.
	   → 만약 게이지의 멈춘 위치가 기준선을 넘으면 강한 바람을 붑니다.
	   → 그렇지 않으면 약한 바람을 붑니다.
	4. 바람의 세기를 판단합니다.
	   → 강한 바람인 경우는 집이 무너지고 '성공'을 말합니다.
	   → 약한 바람인 경우는 '실패'를 말합니다.
	5. 프로그램 종료하기

변수설명	▶ 게이지
	게이지 모양을 바꾸기 위한 변수입니다.
	▶ 도전
	초기값은 '0'이고, '1'이 되면 입바람을 불게 하는 변수입니다.
코딩 스프라이트	늑대

지시사항

▶ **누름** 추가블록

  1) 만약 '**스페이스키**' 를 눌렀다면

    – 도전 변수를 '**1**'로 정하기

    – 모양을 '**숨참기**'로 바꾸고

    – '**0.1**'초 기다린 후

    – **게이지** 변수를 '**1**' 만큼 바꾸시오.

유의사항 **보기블록** 스프라이트에 주어진 블록만 이용하시오.

예제 화면

문제

해설 9

결과 화면

정답

❶ '스페이스' 키를 눌렀는가를 추가합니다.

❷ '도전'을 '1'로 정합니다.

❸ 모양을 '숨참기'로 바꿉니다.

❹ '0.1'초 기다립니다.

❺ '게이지'를 '1' 만큼 바꿉니다.

문제 10

[예제파일] C:\COS\기출유형\기출유형3-10(예제).sb2
[결과파일] C:\COS\기출유형\기출유형3-10(완료).sb2

설명	움직이는 야구공을 잡는 프로그램입니다.
동작과정	1. 🏴 을 클릭하면 → 꽃게가 야구공을 임의의 위치로 던집니다. → 야구공을 잡기 위해 방향키(←, →)를 이용하여 고양이를 좌우로 이동시킵니다. → 스페이스 키를 누르면 고양이 손이 파란색으로 바뀝니다. → 파란 고양이 손에 야구공이 닿으면 점수가 100점 증가하고, 그렇지 않으면 점수가 증가하지 않습니다. 2. 프로그램 종료하기

변수설명	▶ 점수 점수를 저장하는 변수입니다.
코딩 스프라이트	야구공

지시사항

▶ 던짐 메시지를 받았을 때

1) 'x : 45, y : −110' 으로 이동하시오.

2) 야구공 스프라이트를 보이게 하시오.

3) 야구공 스프라이트의 x좌표가 '−220' 부터 '220' 사이의 난수, y좌표가 '180' 위치를 향해 '3'초 동안 움직이도록 하시오.

4) 야구공 스프라이트를 숨기시오.

유의사항 **보기블록** 스프라이트에 주어진 블록만 이용하시오.

예제 화면

문제

해설 10

결과 화면

정답

① 'x : 45, y : −110' 으로 이동합니다.

② 보이기를 추가합니다.

③ '3'초 동안 x좌표가 '−220' 부터 '220' 사이의 난수, y : '180'으로 움직이기를 추가합니다.

④ 숨기기를 추가합니다.

문제1

📁 [예제파일] C:₩COS₩기출유형₩기출유형4-1(예제).sb2
📁 [결과파일] C:₩COS₩기출유형₩기출유형4-1(완료).sb2

설명	1부터 100까지의 수 중에서 무작위 10개 수의 평균을 계산하는 프로그램입니다.
동작과정	1. 🚩을 클릭하면 → 1부터 100까지의 수 중에서 무작위로 10개의 수를 만듭니다. → 평균을 계산합니다. → 고양이가 계산결과를 말합니다. 2. 프로그램 종료하기
변수설명	▶ I 반복문에 사용되는 변수입니다. ▶ 평균 리스트의 평균이 저장되는 변수입니다. ▶ 합 리스트의 합이 저장되는 변수입니다.
코딩 스프라이트	고양이

지시사항

▶ 🚩을 클릭했을 때
　1) 순서도를 참고하여 **평균** 추가블록을 완성하시오.

유의사항 **보기블록** 스프라이트에 주어진 블록만 이용하시오.

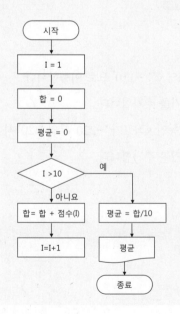

예제 화면

문제

해설 1

결과 화면

정답

❶ 변수 I를 1로 초기화합니다.

❷ 변수 합을 0으로 초기화합니다.

❸ 변수 평균을 0으로 초기화합니다.

❹ I가 10이 될 때까지 반복합니다.

❺ 합을 합+I번째 점수 항목으로 설정합니다.

❻ I를 I+1로 설정합니다.

❼ 평균을 합/10으로 설정합니다.

📁 [예제파일] C:₩COS₩기출유형₩기출유형4-2(예제).sb2
📁 [결과파일] C:₩COS₩기출유형₩기출유형4-2(완료).sb2

설명	평행선을 그리는 프로그램입니다.
동작과정	1. 🏴을 클릭하면 2. 그리고 싶은 평행선의 수(1~5)를 입력합니다. 　→ 길이가 200인 직선을 그립니다. 　→ 입력한 수 만큼의 평행선을 그립니다. 3. 프로그램 종료하기
변수설명	▶ N 평행선을 그리기 위해 사용하는 변수입니다. ▶ 길이 직선의 길이 200을 저장하고 있는 변수입니다. ▶ 평행선 그리고 평행선의 수를 입력받아 저장하는 변수입니다.
코딩 스프라이트	고양이

지시사항

▶ 그리기 추가블록

　1) 다음 내용을 **평행선** 매개변수만큼 반복하시오.

　　① N 변수가 **길이** 매개변수보다 작으면

　　　– 펜을 올리시오.

　　　– 좌표 x : '**–100**', y : '**y좌표–50**'의 위치로 이동하시오.

　　　– 펜을 내리시오.

　　　– **길이** 매개변수만큼 움직이시오.

유의사항 지시사항에서 설명한 블록만 이용하시오.

예제 화면

문제

해설 2

결과 화면

정답

❶ 평행선의 매개변수를 삽입합니다.

❷ 변수 N을 추가합니다.

❸ 펜을 올립니다.

❹ 좌표 x: '−100', y: 'y좌표−50'의 위치로 이동합니다.

❺ 펜을 내립니다.

❻ 길이 매개변수만큼 움직입니다.

문제3

[예제파일] C:\COS\기출유형\기출유형4-3(예제).sb2
[결과파일] C:\COS\기출유형\기출유형4-3(완료).sb2

설명	주어진 공식을 이용하여 값을 계산하는 프로그램입니다.

동작과정

1. 🏁을 클릭하면
2. 한 자리 숫자를 입력합니다.
 → 입력한 숫자와 입력한 숫자보다 '-1' 작은 수를 서로 곱셈합니다.
 → 계산 결과값을 리스트에 추가합니다.
 → 결과값이 '2'가 될 때까지 위의 과정을 반복합니다.
3. 프로그램 종료하기

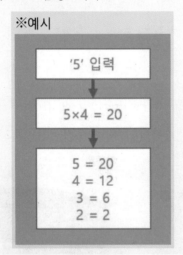

※예시

```
'5' 입력
      ↓
5×4 = 20
      ↓
5 = 20
4 = 12
3 = 6
2 = 2
```

변수설명

▶ **자연수**
자연수를 입력받아 저장하는 변수입니다.

코딩 스프라이트 **고양이**

지시사항

▶ 🏁을 클릭했을 때
 1) 입력한 한 자리의 자연수와 입력값보다 '**1**' 작은 수의 곱을 **곱** 리스트에 추가하도록 필요한 블록을 추가하여 스크립트를 완성하시오.

유의사항 지시사항에서 설명한 블록만 이용하시오.

예제 화면

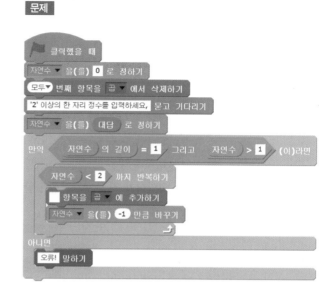

문제

해설 3

결과 화면

정답

❶ 자연수×(자연수−1)을 추가합니다.

문제4

설명	주어진 공식을 이용하여 값을 계산하는 프로그램입니다.
동작과정	1. 🏳을 클릭하면 2. 네 자릿수의 숫자를 입력합니다. → 입력한 숫자에 원이 몇 개 있는지 계산합니다. → 각 숫자의 원의 개수를 덧셈합니다. → 고양이가 최종 결과값을 말합니다. 3. 프로그램 종료하기 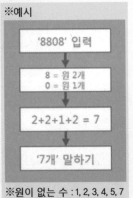 ※예시 '8808' 입력 8 = 원 2개 0 = 원 1개 2+2+1+2 = 7 '7개' 말하기 ※원이 없는 수 : 1, 2, 3, 4, 5, 7 ※원이 1개 포함된 수 : 0, 6, 9 ※원이 2개 포함된 수 : 8
변수설명	▶ N 네 자리의 자연수에서 자릿수를 계산하기 위해 사용되는 변수입니다. ▶ 원 원의 개수를 말하기 위해 사용하는 변수입니다. ▶ 자연수 자연수를 입력받아 저장하는 변수입니다. ▶ 조건1 입력한 네 자리의 자연수 중에서 '0', '6', '8', '9' 중 한 가지가 포함되어 있는지를 확인하는 변수입니다.
코딩 스프라이트	고양이

지시사항

▶ 판별 추가블록

1) 입력한 네 자리의 수에서 '0' 또는 '6' 또는 '9'가 포함되어 있는 경우 원의 개수를 '1'만큼 증가시키고,
'8'이 포함된 경우에는 '2'만큼 증가시키도록 블록의 위치를 변경하시오.

유의사항 지시사항에서 설명한 블록만 이용하시오.

예제 화면

기출유형 4-4(예제)
v461
자연수 1181

문제

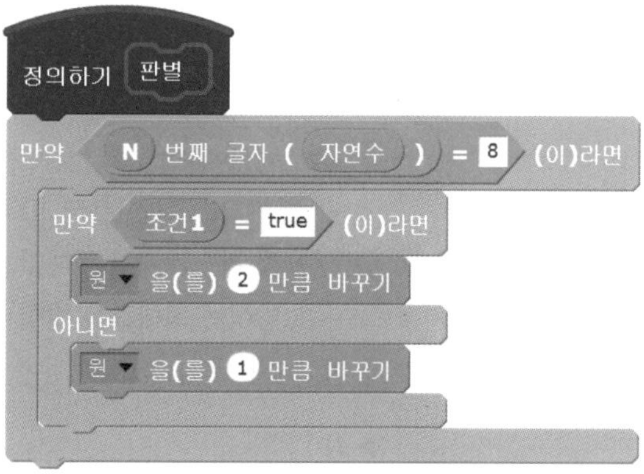

정의하기 판별

만약 N 번째 글자 (자연수) = 8 (이)라면

만약 조건1 = true (이)라면

원 ▼ 을(를) 2 만큼 바꾸기

아니면

원 ▼ 을(를) 1 만큼 바꾸기

해설 4

결과 화면

기출유형 4-4(완료)
v461
자연수 1181

네 자리의 자연수를
입력하세요.

정답

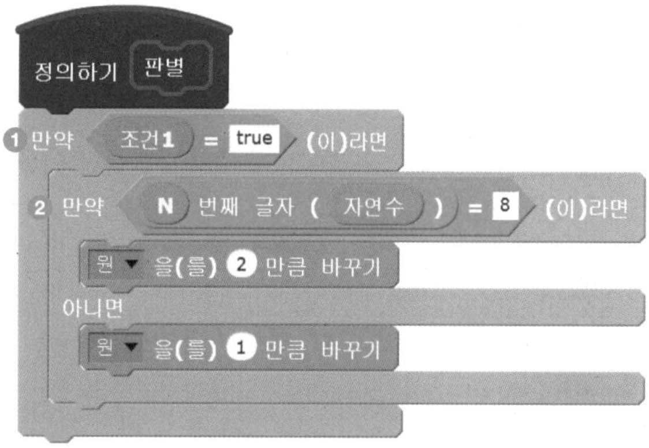

정의하기 판별

❶ 만약 조건1 = true (이)라면

❷ 만약 N 번째 글자 (자연수) = 8 (이)라면

원 ▼ 을(를) 2 만큼 바꾸기

아니면

원 ▼ 을(를) 1 만큼 바꾸기

❶ 조건1이 참이 되도록 설정합니다.

❷ 입력된 글자가 8인 경우를 추가합니다.

📁 [예제파일] C:\COS\기출유형\기출유형4-5(예제).sb2
📁 [결과파일] C:\COS\기출유형\기출유형4-5(완료).sb2

설명	리스트에 저장된 값들 중에서 최대값을 찾는 프로그램입니다.
동작과정	1. 🚩을 클릭하면 → 생성 리스트에 1부터 100 사이의 난수 10개가 저장됩니다. → 생성 리스트에서 최대값을 검색합니다. → 고양이가 최대값을 말합니다. 2. 프로그램 종료하기
변수설명	▶ N 리스트에 저장된 값을 검색하기 위해 사용하는 변수입니다. ▶ 최대값 리스트에 저장된 값 중에서 최대값을 저장하는 변수입니다.
코딩 스프라이트	고양이

(지시사항)

▶ 🚩을 클릭했을 때
 1) '1'부터 '100' 사이의 난수 '10'개를 생성 리스트에 추가하시오.

▶ 계산 추가블록
 1) 생성 리스트에서 최대값을 찾을 수 있도록 N 변수를 '1' 만큼 바꾸는 블록을 필요한 위치에 추가하시오.

(유의사항) 보기블록 스프라이트에 주어진 블록만 이용하시오.

(예제 화면)

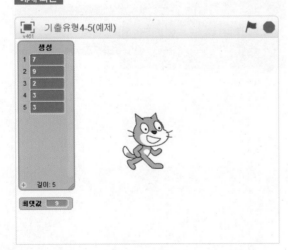

문제

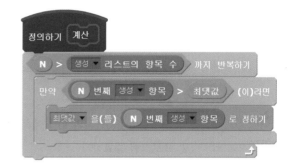

해설 5

결과 화면

정답

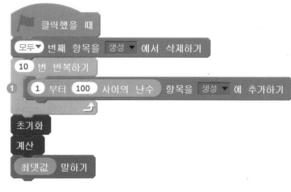

❶ '1'부터 '100' 사이의 난수 '10'개를 생성 리스트에 추가합니다.

❷ N 변수를 '1' 만큼 바꿉니다.

문제6

[예제파일] C:\COS\기출유형\기출유형4-6(예제).sb2
[결과파일] C:\COS\기출유형\기출유형4-6(완료).sb2

설명	1부터 100까지의 수들 중에서 홀수와 3의 배수인 수들의 합을 계산하는 프로그램입니다.
동작과정	1. ⚑을 클릭하면 → 1부터 100까지의 수 중에서 홀수 또는 3의 배수인 수들의 합을 계산합니다. 2. 프로그램 종료하기 ※ 참고 : '3'의 경우 홀수이면서 3의 배수입니다. 따라서 '3'은 중복하여 합산하여야 하며 그 계산결과는 '7'이 됩니다.
변수설명	▶ N 1부터 100까지의 수가 홀수와 3의 배수인지를 판단하기 위해 사용하는 변수입니다. ▶ 합 홀수와 3의 배수인 수들의 합을 계산하여 저장하는 변수입니다.
코딩 스프라이트	고양이

지시사항

▶ **계산 추가블록**

1) 1부터 100까지의 수 중에서 홀수 또는 3의 배수인 수들의 **합**을 말하는 스크립트를 완성하시오

유의사항 주어진 변수를 이용하되 **계산** 추가블록 스크립트는 자유롭게 완성하시오.

예제 화면

문제

해설 6

결과 화면

정답

① num 만큼 반복합니다.

② N을 1만큼 바꿉니다.

③ 만약 N/2=0이 아니면 (홀수)를 추가합니다.

④ 합을 N만큼 바꿉니다.

⑤ 만약 N/3=0이면 (3의 배수)를 추가합니다.

⑥ 합을 N만큼 바꿉니다.

문제 7

설명	주어진 예시를 이용하여 값을 계산하는 프로그램입니다.

동작과정	1. ⚑을 클릭하면
	  → 네 자리 숫자의 각 자리 숫자를 덧셈합니다.
	  → 고양이가 계산한 결과값의 마지막 숫자를 말합니다.
	2. 프로그램 종료하기
	
	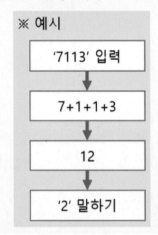

변수설명	▶ N 자연수의 자릿수를 판단하기 위해 사용하는 변수입니다. ▶ 합 계산 결과를 저장하는 변수입니다.
코딩 스프라이트	고양이

지시사항

▶ 계산 추가블록

  1) 네 자리 숫자의 각 자리의 숫자를 덧셈하여 계산값의 마지막 숫자를 말하도록 스크립트를 완성하시오.

유의사항 **보기블록** 스프라이트에 주어진 블록만 이용하시오.

예제 화면

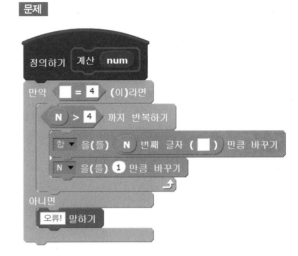

문제

해설 **7**

결과 화면

정답

❶ num의 길이를 추가합니다.

❷ num을 추가합니다.

[예제파일] C:₩COS₩기출유형₩기출유형4-8(예제).sb2
[결과파일] C:₩COS₩기출유형₩기출유형4-8(완료).sb2

설명	수식 '-1+2-3+4-…+98-99'를 계산하는 프로그램입니다.
동작과정	1. 🚩을 클릭하면 → 수식 '-1+2-3+4-…+98-99'를 계산합니다. → 선생님이 계산결과를 말합니다. 2. 프로그램 종료하기
변수설명	▶ H 수의 부호를 결정하기 위한 변수입니다. ▶ N 수식을 계산하기 위해 '1'씩 증가시키는 변수입니다. ▶ 합 수식의 합을 계산하여 저장하는 변수입니다.
코딩 스프라이트	선생님

지시사항

▶ **계산 추가블록**

1) 선생님 스프라이트가 수식 '-1+2-3+4-…+98-99'의 계산결과를 말하도록 아래 순서도에 따라 스크립트를 완성하시오.

※ 제시된 수식의 계산결과는 '**-50**'입니다.

유의사항 **보기블록** 스프라이트에 주어진 블록만 이용하시오.

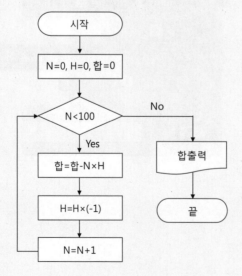

예제 화면

문제

N<=99 ▼ 을(를) 받았을 때
만약 ⬡ (이)라면
아니면
　계산결과는 와 합 와 입니다. 결합하기 결합하기 말하기

해설 8

결과 화면

정답

❶ N<100을 추가합니다.

❷ 합을 합−N×H로 설정합니다.

❸ H를 H×(−1)로 설정합니다.

❹ N을 N+1로 설정합니다.

❺ N<=99를 방송합니다.

[예제파일] C:₩COS₩기출유형₩기출유형4-9(예제).sb2
[결과파일] C:₩COS₩기출유형₩기출유형4-9(완료).sb2

설명	스마트폰 화면이 잠긴 상태에서 설정된 패턴대로 4등분 된 영역을 클릭하면 잠금이 해제되는 프로그램입니다.
동작과정	1. 🏳️ 을 클릭하면 2. 4등분된 영역을 원하는 순서로 1번씩만 클릭하여 패턴을 설정합니다. 3. 잠금해제를 위해 동작과정 2번에서 설정한 패턴을 순서대로 클릭합니다. 4. 설정된 패턴과 입력한 패턴이 일치하는지 확인합니다. 　→ 만약 일치하면 '잠금해제 성공'을 말합니다. 　→ 그렇지 않으면 '잠금해제 실패'를 말합니다. 5. 프로그램 종료하기
변수설명	▶ 설정패턴 　잠금 패턴을 설정하기 위해 사용하는 변수입니다. ▶ 입력패턴 　잠금 패턴을 해제하기 위해 사용하는 변수입니다. ▶ 패턴길이 　패턴이 네 개의 영역으로 설정되었는지 확인하기 위해 사용하는 변수입니다.
코딩 스프라이트	선생님

지시사항
　1) 패턴이 네 개의 영역으로 설정되도록 스크립트를 수정하시오.

유의사항　지시사항에서 설명한 블록만 이용하시오.

예제 화면

문제

```
클릭했을 때
패턴길이 ▼ 을(를) 0 로 정하기
x: -165 y: -154 로 이동하기
보이기
노크패턴 4영역을 클릭하세요. 을(를) 2 초동안 말하기
□ = 4 까지 기다리기
패턴길이 ▼ 을(를) 1 로 정하기
노크패턴 4영역을 클릭하세요. 을(를) 2 초동안 말하기
무한 반복하기
  만약 입력패턴 의 길이 = 4 (이)라면
    만약 설정패턴 = 입력패턴 (이)라면
      잠금해제 ▼ 방송하기
      잠금해제 성공 말하기
    아니면
      입력패턴 ▼ 을(를) 0 로 정하기
      잠금해제 실패 을(를) 2 초동안 말하기
```

해설 9

결과 화면

① 설정패턴의 길이를 추가합니다.

정답

```
클릭했을 때
패턴길이 ▼ 을(를) 0 로 정하기
x: -165 y: -154 로 이동하기
보이기
노크패턴 4영역을 클릭하세요. 을(를) 2 초동안 말하기
① 설정패턴 의 길이 = 4 까지 기다리기
패턴길이 ▼ 을(를) 1 로 정하기
노크패턴 4영역을 클릭하세요. 을(를) 2 초동안 말하기
무한 반복하기
  만약 입력패턴 의 길이 = 4 (이)라면
    만약 설정패턴 = 입력패턴 (이)라면
      잠금해제 ▼ 방송하기
      잠금해제 성공 말하기
    아니면
      입력패턴 ▼ 을(를) 0 로 정하기
      잠금해제 실패 을(를) 2 초동안 말하기
```

문제 10

설명	정육면체의 부피를 계산하는 프로그램입니다.

동작과정	1. ▶을 클릭하면
	2. 정육면체의 높이를 입력합니다.
	   → 정육면체의 부피를 계산합니다.
	   → 고양이가 계산결과를 말합니다.
	   → 위의 과정을 반복합니다.
	5. 프로그램 종료하기

변수설명	▶ l H 리스트의 값을 가져오기 위해 사용하는 변수입니다. ▶ 길이 정육면체 한 변의 길이를 저장하고 있는 변수입니다. ▶ 높이 정육면체의 높이를 입력받아 저장하는 변수입니다. ▶ 밑넓이 정육면체의 밑넓이를 계산하여 저장하는 변수입니다. ▶ 부피 정육면체의 부피를 계산하여 저장하는 변수입니다.
코딩 스프라이트	고양이

상황설명

정육면체의 부피를 계산하기 위해 공식 '한 변의 길이×한 변의 길이×높이'를 이용하고 있습니다.

지시사항

1. ▶을 클릭했을 때
   1) 프로그램의 성능을 개선시키기 위해 다음 내용으로 수정하시오.
     – 밑넓이 변수에 '한 변의 길이×한 변의 길이'를 정하는 블록을 반복문 밖에 위치하도록 만드시오.
     – 부피를 계산하여 말하도록 부피 변수를 '밑넓이×높이'로 수정하시오.

유의사항 지시사항에서 설명한 블록만 이용하시오.

예제 화면

문제

해설 10

결과 화면

정답

❶ 밑넓이를 길이×길이로 정합니다.

❷ 부피를 밑넓이×높이로 바꿉니다.

저자 김종철(kjc006@nate.com)

- 성균관대학교 정보통신대학원 정보통신전공 석사
- 전 대성그룹 중앙연구소 근무
- 전 삼육의명대학 컴퓨터정보과 겸임교수
- 한국표준협회 / 삼성에듀 튜터
- 한국생산성본부 ICDL 공인강사 양성, 자격증, 업무 생산성 향상 등 교육
- 2005년도 평생교육강사대상 수상(한국평생교육강사연합회)
- EBS ICDL / 11번가 쇼핑몰 창업 강의
- SBS 세상에서 가장 아름다운 여행(드론) 명랑 교실 출연
- 대학 및 기업체에서 자격증, 스마트 기기를 활용한 업무 생산성 향상, ICT, PowerPoint / Multimedia, 교수학습 능력 향상, SNS 마케팅, 쇼핑몰 창업, 코딩강사양성, 드론강사양성, MCN 등 교육

[주요저서]
- 성안당 MOS 2013(3권), ICDL Advanced 2016, 컴활 2급 실기 집필
- 길벗 시나공, MOS 2000/2002/2003(18권) 집필
- 길벗 파워포인트 백과사전 2007 집필(중국 수출)
- 길벗 무작정 따라하기, 파워포인트 애니메이션 2007 집필(중국/대만 수출)
- 길벗 시나공 ICDL 2003, Word, Excel, PPT, Access 집필
- ICDL 2010 Word, Excel, PPT, Access 집필
- 길벗 무작정 따라하기, 11번가에서 돈버는 창업 집필

스크래치 코딩활용능력평가 COS 2급

2019. 1. 2. 1판 1쇄 인쇄
2019. 1. 7. 1판 1쇄 발행

저자와의
협의하에
검인생략

지은이 | 김종철
펴낸이 | 이종춘
펴낸곳 | **BM** 주식회사 성안당

주소 | 04032 서울시 마포구 양화로 127 첨단빌딩 5층(출판기획 R&D 센터)
     | 10881 경기도 파주시 문발로 112 출판문화정보산업단지(제작 및 물류)

전화 | 02) 3142-0036
     | 031) 950-6300
팩스 | 031) 955-0510
등록 | 1973. 2. 1. 제406-2005-000046호
출판사 홈페이지 | www.cyber.co.kr
ISBN | 978-89-315-5514-1 (13000)
정가 | 16,000원

이 책을 만든 사람들
기획 | 최옥현
진행 | 최재석
전산편집 | 인투
표지 디자인 | 박현정
홍보 | 박연주
국제부 | 이선민, 조혜란, 김혜숙
마케팅 | 구본철, 차정욱, 나진호, 이동후, 강호묵
제작 | 김유석

www.cyber.co.kr
성안당 Web 사이트

■ 도서 A/S 안내

성안당에서 발행하는 모든 도서는 저자와 출판사, 그리고 독자가 함께 만들어 나갑니다.
좋은 책을 펴내기 위해 많은 노력을 기울이고 있습니다. 혹시라도 내용상의 오류나 오탈자 등이 발견되면 "좋은 책은 나라의 보배"로서 우리 모두가 함께 만들어 간다는 마음으로 연락주시기 바랍니다. 수정 보완하여 더 나은 책이 되도록 최선을 다하겠습니다.
성안당은 늘 독자 여러분들의 소중한 의견을 기다리고 있습니다. 좋은 의견을 보내주시는 분께는 성안당 쇼핑몰의 포인트(3,000포인트)를 적립해 드립니다.

잘못 만들어진 책이나 부록 등이 파손된 경우에는 교환해 드립니다.